주의 영으로 살아나라

주의 영으로 살아나라

연약한 성도를 보듬고
방황하는 영혼을 이끄는
주님의 말씀

최문정

규장

추천사

메마른 광야에서 '주의 영'으로 일어날 당신에게

오늘날 우리 주변에는 신앙의 모양은 화려하나 경건의 능력은 잃어버린 채, 영적 가뭄을 겪는 그리스도인들이 참으로 많습니다. 뜨겁게 예배를 드리고 간절히 기도하는 듯 보이지만, 정작 삶의 현장인 '광야'에 서면 하나님의 세미한 음성을 듣지 못해 방황하며 무너지는 것이 우리네 현실입니다. 이 책은 바로 그러한 영적 침체와 고난의 터널을 지나는 이들에게 던져지는 강력한 생명의 메시지입니다.

저는 저자인 최문정 선교사를 수십 년간 곁에서 지켜봐 왔습니다. 목회자이자 교수로서 제가 봐온 저자는 누구보다 치열하게 하나님 앞에서 자신을 쳐서 복종시키는 사람이었습니다.

하나님을 거부하던 완악한 심령이 성령의 불을 통과하며 어떻게 선교사의 심장으로 변화되었는지, 그리고 태국이라는 척박한 땅에서 어떻게 하나님의 말씀에 순종하며 '자기부인'의 길을 걸어왔는지, 이 책은 그 고난의 흔적들을 가감 없이 증거하고 있습니다.

특히 이 책이 귀한 이유는 영적 은사를 다루는 저자의 균형 잡힌 태도에 있습니다. 많은 사람이 신비로운 은사에 매몰되어 자칫 은사주의로 치우치기 쉬운 시대에 저자는 예언의 은사를 철저히 말씀의 토대 속에 사용하며, 교회와 목회자 중심의 겸손한 질서를 잃지 않았습니다. 이는 곁에서 저자의 사역을 오랜 시간 지켜본 저에게도 큰 감동과 신뢰를 주는 부분이었습니다. 저자의 사역은 단순히 이적을 좇는 것이 아니라, 하나님의 전적 인도를 따라 오직 한 영혼을 말씀으로 세우기 위한 철저한 헌신이었습니다.

또한 이 책든 성령 충만을 종교적 형식 안에 가두지 않습니다. 아이들이 문제집을 끝까지 푸는 인내나 가정 안에서의 질서를 바로잡는 아주 구체적인 일상 속에서도 성령님과 동행해야 함을 역설합니다. 이것이 바로 이 책이 가진 '일상의 영성'입니다.

거룩함은 거창한 구호에 있는 것이 아니라, 매일의 삶을 성령님과 연결할 때 비로소 완성된다는 사실을 저자는 자신의 삶으로 증명해냅니다. 자녀와의 영적 교제와 자녀의 신앙적인 성장은 저자의 사역을 열매로 증명하는 부분입니다.

인생의 막다른 골목에 서 있다고 느끼는 분들, 하나님의 일하심이 보이지 않아 낙심한 분들, 그리고 다음세대에게 신앙의 참된 유산을 물려주고 싶은 모든 분에게 이 책을 기쁜 마음으로 권합니다.

이 책의 마지막 장을 덮을 때쯤, 여러분의 심령 안에 "주의 영으로 말미암아 다시 살아나는" 부활의 기쁨이 시작될 것을 확신합니다. 에스겔 골짜기의 머마른 뼈들이 살아나 큰 군대를 이루었듯, 이 책을 통해 한국 교회와 성도들의 가정마다 성령의 생기가 가득 흐르기를 간절히 기도하며 기쁜 마음으로 추천합니다.

이문범 목사 | 사랑누리교회(합동) 담임, 총신대학원 겸임교수

눈물과 기도 속에 길어 올린 이야기

이 책은 하나님나라를 향한 한 사람의 치열한 갈망과 현장의 고민이 고스란히 담긴 신앙 여정의 기록입니다. 남편으로서 가장 가까운 자리에서 아내를 지켜본 저는 이 책의 문장들이 책상 앞에서 나온 글이 아니라 눈물과 기도 속에 길어 올린 정직한 고백이라는 것을 잘 알고 있습니다.

이 책이 세상에 나오기까지, 자신의 연약함과 끝없이 씨름하면서도 하나님의 부르심 앞에 한 걸음도 뒤로 물러서지 않으려 했던 아내의 애씀을 너무나 잘 알기에, 책을 받아보는 제 마음이 기쁘고도 한편 뭉클합니다.

아내의 삶의 목표는 단순하지만 언제나 분명했습니다. 하나님께서 세워주신 자리에서 그분의 나라와 의를 먼저 구하며, 한 영혼 한 영혼을 품고 끝까지 포기하지 않는 것이었습니다. 하나님을 향한 사랑과 경외, 사람을 향한 긍휼과 공의를 동시에 붙들고자 했기에 어떤 날은 남들보다 더 깊이 아파하며 스스로 힘들게 하기도 했습니다. 그러나 그때마다 아내는 조용히 말씀 앞에 무릎 꿇었고, 다시 힘을 얻어 일어서곤 했습니다.

지난 30여 년 동안 한국과 태국의 사역 현장에서 아내가 가슴에 품고 살아온 단어는 늘 '소명'이었습니다. 이 책에서 드러나듯, 아내에게 영적 현실과 문화적 현실은 멀리서 바라보는 연구대상이 아니라 복음의 빛 아래에서 끊임없이 질문하고 씨름해야 하는 전쟁터였습니다.

그 싸움터에서 아내는 자신의 사역 자체보다, 하나님의 부르심에 순종하며 살아가려는 사람들을 세우는 일이 더 중요하다고 믿어 왔습니다. 그래서 작은 모임이든 큰 집회든 요청이 오는 곳이라면 장소와 시간을 따지지 않고 기꺼이 달려가 귀를 기울였고, 말씀을 전했으며, 함께 눈물로 밤새 기도했습니다.

타지인 태국 캠퍼스의 뜨거운 태양볕 아래에서든, 한국의 소박한 카페 한쪽 자리에서든, 때로는 늦은 밤 몇 시간 동안 전화기를 붙들고서라도 아내는 언제나 같은 태도로 한 영혼 한 영혼을 대했습니다 그런 모습을 수십 년 동안 곁에서 지켜봤기에 이 책이 단순한 신앙 에세이가 아니라, 실제로 그렇게 살아온 사람의 눈물과 땀과 기도가 밴 '살아 있는 증언'이라 말하는 것입니다.

이 책을 통해 독자들은 하나님께서 한 사람의 삶을 어떻게 빚고 사용해오셨는지를 자연스럽게 보게 될 것입니다. 또한 복잡한 현대 사회, 그리고 다문화·다종교의 캠퍼스 현장에서 '복음을 붙든다'라는 말의 실제적인 의미에 대한 깊고도 현실적인 통찰을 얻게 될 것입니다.

남편으로서, 그리고 같은 길을 함께 걷는 동역자로서, 저는 이 책이 독자들에게 삶의 방향을 돌아보고 하나님 앞에 다시 조용히 서게 하는 거울과 같은 책이 되리라 확신하며 기쁜 마음으로 추천합니다.

송영관 선교사(남편) | 태국 주안교회 · 치앙마이대학교 어학원 교수 · 치앙마이 유네스코 자문위원

살리는 것은 영이니 육은 무익하니라

오늘날 우리는 한 영혼을 살리는 사역에 대해서는 쉽게 말하지만, 정작 사역 현장에서 사람을 살리는 능력이 어디에서 오는지에 대해서는 종종 잊고 살아갑니다. 이 책은 그 질문에 대한 답을 이야기로 답해줍니다.

무엇보다 이 책은 사역을 전략이나 성과로 설명하지 않고, 주의 영이 한 사람의 삶과 현장을 어떻게 다시 일으켜 세우시는지를 산문으로 증언한다는 점이 흥미롭습니다.

저자는 선교지에서 마주한 수많은 한계와 무력함을 숨기지 않으며 오히려 그 연약함의 자리에서 인간의 열심이 아니라 하나님의 영만이 생명을 살릴 수 있음을 고백합니다. 그래서 이 책은 사역 보고서라기보다 한 편의 긴 기도처럼 읽히며, 사역의 현장에 서 있는 모든 목회자와 사역자들에게 깊은 공명을 일으킵니다.

특별히 이 책은 우리로 하여금 사역의 중심을 점검하게 합니다. 바쁜 일정과 사명감 속에서 우리가 붙들어야 할 것이 무엇인지, 그리고 교회와 선교의 본질이 어디에 있는지를 조용히, 그러나 분명하게 일깨웁니다. "살리는 것은 영이니 육은 무익하니라"(요 6:63)라는 주님의 말씀이 우리 삶의 현장에서 어떻게 살아 움직이는지를 보여주기도 합니다.

그런 면에서 이 책은 선교사들만을 위한 책이 아닙니다. 강단에 서 있는 목회자, 교회를 섬기는 사역자, 그리고 신앙 현장에서 지치고 흔들리는 모든 성도에게 보내는 하나의 초대장이 될 것입니다. 다시 주의 영 앞에 서서 그분의 능력으로 살아나라는 초대 말입니다.

그래서 이 책을 기쁜 마음으로 추천합니다. 이 글을 통해 많은 이들이 사역의 무게를 내려놓고, 다시 한번 주의 영으로 살아나는 은혜를 경험하게 되기를 소망합니다.

동 현 목사 | 대구성북교회(통합) 담임

하나님의 사람으로 살아가려 한다면

먼저 최문정 선교사님의 선교 사역을 책으로 접할 수 있음이 기쁨입니다. 태국 치앙마이에서 선교 사역을 하시는 선교사님을 통해 생생한 하나님의 음성을 들음에 도전을 받습니다. 아울러 선고사님의 선교 사역 가운데 함께 하신 하나님의 손길을 느끼며 사역 가운데 역사하시는 성령님을 만날 수 있어 큰 감동입니다.

하나님은 당신의 일을 하시기 위해 사람을 선택하시고 부르시고 은혜와 능력을 주십니다. 하나님의 일이기에 하나님의 은혜를 받기 전에는 하나님의 일을 할 수 없음을 깨닫습니다. 특히 사역자로 부르심을 받은 사람이 인격적으로 하나님을 만나는 일이 얼마나 중요한가를 알 수 있는 책입니다.

하나님의 일을 하기 전에 반드시 하나님을 만나야 합니다. 그래야 하나님께서 나를 통해 하시려는 일이 무엇인지 알 수 있습니다. 모세는 자신의 열정으로 무언가 하려 했지만 실패했습니다. 살인자로 도망자의 신세가 되고 광야에서 하나님을 만나고 나서야 하나님의 일을 시작할 수 있었습니다.

사람들은 무언가 자기만의 준비로 하나님의 일을 시작할 수 있다고 생각합니다. 사람이 준비해야 할 항목도 있겠으나 철저히 말씀과 기도로 하나님을 만나야 합니다. 구원받은 자라야 하나님의 일을 듣고 이해할 수 있고 순종할 수 있습니다.

하나님을 인격적으로 만난 선교사님의 경우를 통해 하나님의 사람이 가장 먼저 준비해야 할 것이 무엇인지를 깨닫게 됩니다. 어떤 형태로든 하나님의 사람으로 살려고 하는 이에게 귀한 길잡이가 되는 책입니다.

하나님은 인격적으로 하나님을 만난 사람, 하나님의 사람으로 살고자 하는 열망이 있는 사람에게 말씀하십니다. 그 말씀이 능력이 됩니다. 급변하는 환경 속에서도 굳건한 믿음이 생깁니다. 선교사님이 말씀으로 찾아오신 예수님을 만나는 과정은 사역자로 헌신할 때 말씀이 얼마나 중요한가를 깨닫게 합니다.

특별히 하나님께서 선교사님에게 영적 은사를 선물로 주심은 더 없는 축복입니다. 하나님의 영이 하나님의 마음을 알 수 있습니다. 하나님의 영이 함께하시기에 그분의 뜻을 알고 끝까지 그분의 뜻대로 행할 수 있습니다.

많은 사람이 하나님의 뜻을 알고자 힘쓰지만 다 알 수 없기에 방황합니다. 영이신 하나님은 우리의 속사정도 다 알고 계시기에 때로는 위로하시고 때로는 책망하시고 때로는 힘을 주셔서 사역의 길로 인도하십니다.

자신을 낮추고 쳐서 복종케 한 사도 바울에게 성령님이 함께하셔서 역사를 나타내시고 구원의 열매를 풍성하게 하셨습니다. 선교사님의 귀한 사역으로, 한 사람의 영혼을 천하보다 귀하게 여기시는 하나님을 만납니다.

사역자가 잃어서는 안 되는 마음이기에 책을 읽는 이들에게 은사에 대한 소망을 가지게 합니다. 나의 죄를 깨달아 회개하게 하시는 성령님, 용서의 은혜와 기쁨을 누리게 하시는 성령님, 영육의 치료와 자존감을 회복하게 하시는 성령님을 내 삶의 주인으로 삼고 하나님의 말씀을 듣고 살고자 하는 마음을 품게 합니다.

하나님의 음성을 듣기 전에는 광야로 인도하시는 하나님의 뜻을 이해하지 못했는데, 광야 길을 통해 하나님의 말씀에 철저히 순종하게 하시는 하나님의 마음을 알게 됩니다. 때문에 고난이 나에게 복이 됨을 깨닫습니다.

순종의 길로, 사역자의 길로, 착하고 충성된 종으로 세우시는 하나님의 사랑에 감사할 따름입니다. 어떤 고난 속에서도 굳건한 믿음으로 현재를 살고 미래에 이루어주실 하나님의 약속을 바라보며 믿음으로 살게 하시는 하나님을 만납니다. 하나님의 사람으로, 사역자의 길로 나아가는 사람들에게 말씀으로 찾아오시는 예수님과 동행하는 기쁨과 기대를 가지게 합니다.

선교사님의 책을 통해 이 땅의 모든 영혼을 위해, 한 영혼이라도 구원하시기 위해 십자가를 지신 예수님의 마음을 깊이 느낍니다. 하나님의 마음으로 하나님의 일을 하기 원하는 모든 이에게 이 책을 추천합니다.

민경용 목사 | 진주남부교회(고신) 담임

최전방 공격수의 겸손한 고백

최문정 선교사님과 저는 중앙대학교 기독학생회에서 2년 선후배 사이로 만난 관계입니다. 덕분에 저는 함께 신앙생활을 하던 청년 시절에 특별한 경험을 할 수 있었습니다.

한번은 여러 선후배와 함께하는 철야기도회에서 제 옆에 앉아 있던 최 선교사님이 유창한 영어로 방언기도를 하더니 그다음에는 중국어로, 그다음에는 일본어로 연이어 기도하는 것이었습니다. 타국어를 모르는 선배님이 그런 방언기도를 하시는 게 너무 신기해서 성령의 은사에 대해 기록한 고린도전서 14장을 다시금 보게 되었습니다.

기독학생회 시절의 최 선교사님은 주로 공동체 전체를 향한 기도를 하셨습니다. 어떤 때에는 최 선교사님이 방언으로 기도하시고 지금 최 선교사님의 남편이자 제 친구이기도 한 송영관 선교사님이 통역하기도 하셨습니다(그런 두 분이 나중에 결혼해서 태국 선교사로 나가실 줄은 그땐 미처 몰랐습니다).

당시 기독학생회에는 여러 은사가 나타났는데, 지도하시는 목사님들이 그에 대해 철저하게 성경 중심으로 가르쳐주셔서 은사에 대한 성경적 이해를 확립하는 데 큰 배움을 얻은 것도 제게 베푸신 하나님의 크신 은혜입니다.

세월이 흘러 제가 담트고길닦는교회를 개척한 지 얼마 되지 않았을 무렵, 최 선교사님은 한국에 나왔다가 그 작은 개척교회에 들러 우리 지체들을 위해 뜨거운 심정으로 기도해주셨습니다. 교회 안에 얼마나 놀라운 은혜가 임했는지 모릅니다. 저마다 나를 아시고 나를 사랑하시는 하나님을 찬양하며 삶의 변화를 고백하게 되었습니다.

제가 최 선교사님을 신뢰하고 존경하는 첫째 이유는, 선교 사역을 하시든 기도 사역을 하시든 언제나 성경 말씀으로 돌아가라는 메시지를 놓치지 않고 전하시기 때문입니다. 그리고 자신도 최선을 다해 성경을 연구하는 게 소홀함이 없습니다. 성경을 더 알고 싶어 하는 것은 물론, 어찌하든지 말씀에 순종하려는 모습을 뵐 때면 목회자의 한 사람으로서 부끄러움마저 느껴집니다.

둘째는, 항상 자신을 드러내려 하지 않고 오직 예수님만 높아지고 드러나기를 바라는 진심을 가진 분이기 때문입니다.

보이지 않는 하나님보다 보이는 사람을 지나치게 의지해서 선교사님에게 기도해달라고 요청하는 이가 찾아올 때가 간혹 있는데, 그때마다 선교사님은 자신도 몇 시간씩 말씀을 보고 눈물로 기도함으로 하나님의 음성을 듣는다며, 기록된 성경에서 이미 다 말씀해주셨으니 성경을 가까이하고 하나님 앞에 직접 기도하라고 조언하며 돌려보내시기도 합니다. 자신은 아무것도 아니니 모든 것 되시는 예수님을 바라보라는 메시지를 굽힘 없이 전하는 것입니다.

셋째는, 한 영혼을 살리기 위해서 최선을 다하기 때문입니다. 자신이 필요한 곳이라면 어떤 대가도 바라지 않고 어떤 형편이든 어느 곳에나 달려가는 선교사님의 모습에 저는 종종 놀라곤 했습니다. 그래서 우리 부부는 축구선수로 치면 최 선교사님이 '최전방 공격수'라고 이야기하기도 합니다. 사랑 안에 두려움이 없고 온전한 사랑이 두려움을 내쫓는다는 말씀대로(요일 4:18) 한 영혼을 향한 사랑이 그와 같은 공격적인 헌신을 가능케 한다는 것을 깨닫습니다.

넷째는, 말씀과 성령께 순종하기 위해 몸부림치는 분이기 때문입니다. 어쩌면 본인 자신이 그렇기에 누구를 만나든 말씀과 성령께 순종하라는 강력한 도전을 줄 수 있는지도 모르겠습니다.

가까이에서 오랫동안 이와 같은 최 선교사님의 삶을 지켜본 한 사람으로서 이 책을 추천하게 된 것은 큰 기쁨이고 영광입니다. 성령님을 만난 열아홉 살 때부터 한 영혼을 살리기 위해 기도해온 지난 40년간의 이야기를 통해, 하나님께서 선교사님과 우리를 어떻게 그리스도인으로 온전하게 빚어가시는지, 그 비밀을 발견할 수 있으리라 믿습니다.

부디 이 책을 통해 우리를 사랑하셔서 각 사람을 향해 말씀하시는 하나님의 은혜에 사로잡히게 되시기를 바랍니다.

조혁진 목사 | 담트고길닦는교회(합동) 담임

하나님이 말씀하시면 충분하다

대학 시절, 같은 대학, 같은 교회에서 만난 최문정 선배님은 초신자인 제게 연구 대상이자 견제 대상(?)이었습니다. 말수 없이 교회 주방에서 밥 짓는 일로 섬기던 평소 모습과 달리, 공동체 기도회에서 지체들을 위해 기도해줄 때는 너무도 범상치 않아 보였기 때문입니다.

놀라운 것은 이 선배님이 누군가를 위해 기도해줄 때마다 지체들에게서 한결같이 기쁨과 감격의 고백이 나왔다는 것입니다. 아무에게도 말하지 않았던 자신의 서원기도에 응답하셨다며 어떤 이는 신학교에 들어가 목회자의 길을 가기도 했고, 어떤 이는 하나님의 낯을 피해 숨어들려던 마음을 드러내시는 하나님의 포기하지 않는 사랑에 겨워 눈물로 삶을 돌이키기도 했습니다.

대체 저 언니는 어떤 사람일까, 어떤 사람이길래 저렇게 기도할까, 신기하고 궁금했지만, 그러다 혹여 성령께서 저 언니를 통해 내 시커먼 속을 드러내시면 어쩌나 싶어 '가까이하기엔 너무 먼 당신'으로 적당한 거리를 두었던 게 사실입니다. 아직 말씀을 잘 모를 때라서, 성령께서 주시는 영적 은사가 얼마나 질서 있고도 아름답게 사람을 살리는 일에 사용될 수 있는지에 대한 이해가 제게 없었던 탓이었습니다.

세월이 흘러 담트고길닦는교회의 개척은 그런 우리 사이를 가깝게 이어준 계기가 되었습니다. 남편 조혁진 목사는 교회를 개척하며 태국의 송영관, 최문정 선교사님을 우리 교회 1호 후원선교사님으로 동역하는 데 주저함이 없었습니다. 그만큼 하나님을 향한 두 분의 사랑과 헌신에 대한 신뢰가 있었던 것으로 보였습니다.

그 후 어느 해부터 최 선교사님은 한국에 오실 때마다 바쁜 와중에도 담길교회에 들러 긴박한 상황에 놓인 이들을 중심으로 기도해주셨는데, 그때부터 저는 최 선교사님이 한 영혼을 결코 악에게 빼앗기지 않고 하나님나라로 들어가게 하고야 말겠다는 예수 그리스도의 뜨거운 심장을 가진 분임을 발견할 수 있었습니다.

무엇보다 우리가 선교사님을 깊이 신뢰하게 된 것은 선교 사역이든 기도 사역이든 결코 '척'하는 법 없이 겸손하고도 기쁘게 사역하시는 모습 때문이었습니다.

스스로 거룩한 척, 능력 있는 척하는 일부 사역자들과 달리, 선교사님은 자신이 하나님 아니면 아무것도 아니라는 사실을 끊임없이 강조하느라, 자신에 대해서는 십자가에서 마땅히 죽어야 하는 약함과 악함만을, 예수님에 대해서는 죽기까지 우리를 사랑하신 그분의 순종과 선하심을 목이 터져라 고백하기 바쁘셨으니까요.

이 책은 그렇게 성령님만을 붙들고 살아난 저자 자신의 이야기이기도 하고, 처절하고 아프고 고통받는 영혼들을 만나 기도할 때마다 주의 성령께서 어떻게 한 영혼을 살리셨는지에 대한 증인으로서의 고백이기도 합니다.

열아홉 살에 성령세례를 받아 폭포수 같은 영적 은사가 부어진 뒤에 40년 동안 하나님의 다루심을 받으며 한 영혼을 세우기 위해 기도해왔던 무수한 이야기들이 비로소 한 권의 책으로 엮여 나오게 됨을 진심으로 기뻐합니다.

이 책을 통해 우리는 사람이 아무리 극심한 고통에 처해도 하나님의 음성을 들으면 살아난다는 사실을 확인하게 될 것입니다. 언제나 우리와 함께하신다고 약속하신 임마누엘 하나님께서 실제로 우리와 동행하시며 우리 각 사람을 아시고 우리에 대해 말씀하시며 그 손을 펴서 도우신다는 사실도 발견하게 될 것입니다. 그리하여 저자의 고백대로 "우리는 성령님으로 충분하다"라고 가슴 벅차게 외치게 되리라 믿습니다.

한근영 사모 | 《나는 기도하기로 했다》 저자

서문

상처받은 치유자
예수님에게로 가면

같이 울어주는 사람이 되라고

저는 20여 년 전 하나님의 부르심을 따라 태국으로 떠난 선교사입니다.

태국으로 가기 직전인 2003년 8월, 5개월 된 태아를 분만실에서 떠나보내야 했던 저는 하나님께 한 기도를 드렸고, 그 기도가 결국 우리의 선교 방향을 결정지었습니다. 연약한 제 육신으로는 포기할 수밖에 없었던 한 생명을 대신해, 그곳 치앙마이에서 영으로 한 생명을 낳고 살리는 일에 모든 것을 걸겠다는 기도였습니다.

이를 위해 저는 힘들고 지난한 시간들을 견디고 또 견뎌냈습니다. 때로는 폭풍우 속에 놓인 듯한 혼돈과 고통이 뒤따랐지만, 저는 그것이 성육신하신 주님을 본받아 낮고 천한 자리에 앉기를 즐거워하는 법을 배우는 시간이라 여겼습니다.

그러나 연약한 인간의 한계는 반드시 드러나게 되어 있어서 어느 날 부터인가 저는, 죽을힘을 다해 버텨내고 있을 뿐 모든 것에 지칠 대로 지쳐있는 자신을 대면해야 했습니다. 그리고 그 알아차림은 더 이상 선교사로 살고 싶지 않다는 마음을 불러일으켜, 후배가 사는 북경으로 도망치듯 떠나게 되었습니다. 태국 선교사로 간 지 7년 만에 저는 더 이상 사람 살리는 일을 못 하겠다는 처절한 고백을 안고 떠난 것이었습니다.

그런데 하나님을 떠나 숨으려 했던 북경에서 제 삶과 사역의 전환점을 맞이했습니다. 제 나이 열아홉 살에 찾아오셨던 주의 성령께서 그때 저를 다시 찾아오셔서 제 마음과 생각을 바꾸시고 저를 새롭게 하시더니 오직 성령 하나님만을 기대하고 사모하게 하셨습니다. 자신에게 집중되었던 시선을 주님께로 향하게 하셨고 제게 기름 부으셔서 주님의 마음을 알아차리게 하셨습니다.

"주님! 주님께서 쓰시고자 하시면 저를 다 드리겠습니다."

주님을 다시 만난 기쁨은 처음 주님을 만났을 때의 감격보다 더 넘치고 흘러, '한 사람'을 살리는 일에 쓰시고자 하시는 주님의 손에 저 자신을 올려드리게 되었습니다.

그러자 주께서는 한국 사람, 태국 사람 가리지 않고 하나님을 찾는 가난한 심령이라면 누구든지 하나님을 만날 수 있도록 말씀을 전하고 기도로 섬기게 하셨습니다. 사람과의 관계에서 오는 갈등과 물질을 통한 시험, 그 외 여러 종류의 고난을 통과하는 동안 사람은 오직 주의 영으로만 살아날 수 있음을 경험하게 하신 하나님께서 "이제 너는 너무나 어려운 일들로 인해 그 속사정을 이해받을 수 없는 사람에게 찾아가 하나님을 전하라" 하셨던 것입니다.

그때부터 저는 그 한 사람을 찾아가 같이 울어주며 그들의 이야기를 듣기 시작했습니다. 선교지에서는 예수님을 모르는 이들에게 예수 그리스도의 십자가를 전했고, 한국에서는 한 사람을 위해 기도하며 하나님의 뜻을 전했습니다.

주의 성령께 사로잡히니 누가 알아주든 알아주지 않든 그것이 제게는 더 이상 중요하지 않았습니다. 단지 하나님의 뜻대로 살기를 원하는 사람에게 하나님의 메시지를 올바로 전달하는 메신저로서의 역할만 잘 담당하기를 바랄 뿐이었습니다.

책이 나오기까지는 험난(?)했지만

그러다 코로나로 세상이 멈춰서기 전인 2018년도에 이런 이야기를 책으로 내자는 규장출판사 대표님의 제안을 받았습니다. 사람들에게 드러내고 싶지 않은 이야기를 책으로 쓴다는 것이 제게 잠을 이루지 못하는 고민거리가 되었습니다. 저와 비할 바 없이 훌륭하고 영성이 뛰어난 분들이 많은데 왜 제가 책을 써야 하는지 답을 못 찾아 글 쓰는 일에 미적거렸습니다. 당연히 책을 위한 문장이 몇 줄 써지지 않았습니다.

하나님의 뜻은 무엇이었을까요? 그 사이 코로나가 왔고, 책 출간에 대한 확신이 없어진 저는 코로나 기간에 온라인을 통해 사람들과 상담하며 기도하는 등 선교 사역에만 몰두했습니다.

그러다 문득, 하나님이 제안하신 일을 저의 게으름으로 미루고 있을지도 모른다는 두려움과 함께, 하나님 뜻이 아닌데 제가 괜한 부담감에 원고를 붙잡고 있다면 없던 일로 하고 싶다는 두 가지 마음 사이에서 기드온의 양털기도를 드렸습니다.

"주님! 이 책을 통해 하나님께서 하실 일이 있으시다면 저에게 확신을 주십시오. 그리고 규장출판사 대표님이 '이 책은 반드시 출간한다'라고 확답을 주시면 책을 내는 것으로 알겠습니다."

그런 기도를 하며 하나님의 응답을 기다리던 중, 규장출판사 편집부의 담당 팀장님이 책을 쓰라는 격려 메시지를 보내오셨습니다. 그러나 코로나 엔데믹 이후 저는 눈앞에 놓인 선교 사역에 집중하느라 책 쓰는 일에서 손을 떼다시피 했습니다. 바야흐로 태국에서의 선교 사역은 우리가 전혀 생각하지 못하는 방향으로 열려 남편과 저는 눈코 뜰 새 없이 바쁜 나날을 보내야 했기 때문입니다.

그렇게 몹시도 바쁘게 지내던 어느 날, 피곤한 몸을 안고 깜빡 잠이 들었다가 저는 호들짝 놀라 잠에서 깼고, 동시에 주님의 음성을 듣게 되었습니다.

너는 이 책에 십자가를 적어 넣어라!

비몽사몽간에 그 음성을 듣고 나자, 그때부터 더는 책을 내느냐 마느냐를 놓고 고민하기브다 어떻게 예수 그리스도의 십자가를 책에 담아낼 것인가를 놓고 고민했습니다. 나를 살리신 주의 성령께서 고난 가운데 하나님의 뜻을 찾아 헤매는 한 사람을 살리시는 데에 이 책을 도구로 사용하시기를 간절히 기도하며 원고를 한 자 한 자 적어 내려갔습니다.

그리고 하나님의 때가 되었던 것일까요? 2025년 12월 25일, 원고가 다 완성되어 여진구 대표님에게 응답을 구하는 양털기도의 의미로 우리의 선교 사역 편지와 함께 보내드렸습니다. 그러자 곧바로 "귀한 원고 보내주셔서 감사합니다. 귀국하면 뵙겠습니다. 감사합니다"라는 메시지가 왔습니다. 대표님으로부터 책을 내자는 메시지, 아니 주님으로부터 이 책을 세상으로 내보내라는 확답의 메시지를 받았습니다. 출판 제의를 받은 지 7년 만의 일이었습니다.

'왜'가 아니라 '어떻게'에 집중한다면

성경은 우리를 시냇가에 심은 나무라고 말합니다. 저는 시편 1편 말씀을 참 좋아해서 힘들고 지칠 때마다 그 말씀을 묵상하며 제가 주님 안에 잘 거하고 있는지를 점검하곤 합니다.

언젠가 저는 치앙마이의 어느 병원 뜰에서 3미터가 훌쩍 넘는 큰 나무를 무심히 올려다보다가 나무를 오르기 위해 박아둔 철 막대기를 발견한 적이 있습니다. 그걸 본 남편은 "사람들이 나무 꼭대기에 있는 꿀을 따러 올라가려고 사다리를 만들었네"라고 말했습니다.

그런데 몇 년이 지나 다시 그곳을 방문해 보니 오른쪽에 놓여 있던 철 막대기가 왼쪽으로 옮겨져 사다리 모양으로 박혀있었습니다. 그때 철 막대기가 뽑힌 곳에 형성된 옹이가 눈에 들어왔는데, 이후 나무 한 면에 다다닥 생긴 그 옹이가 제 마음에 각인되어 잊히지 않았습니다. 그 옹이는 자의든 타의든 상처 입은 나무가 아픔을 견뎌내느라 스스로 상처를 싸맨 흔적 같다 보여서였습니다.

살아 있다는 것은 그렇게 살아 있는 티를 내며, 스스로 살기 위해 반드시 무언가를 한다는 것을 제게 알려주었습니다. 그러고 보니 하나님께서 만드신 생명체들은 자신을 지켜낼 힘을 가졌다는 생각에 '힘든 시기를 견뎌온 내 마음과 생각에도 옹이가 생겼겠네'라며 안심이 되었습니다. 그러자 상처받아 힘들어하는 이들을 향한 제 마음의 독백이 흘러나왔습니다.

"이 일은 다른 사람들이 도와줄 수 있는 일이 아니야. 단지 누군가가 나무에 박힌 철심은 뽑아줄 수 있겠지만 남은 상처는 스스로 치유해 나가야 하는 거야. 우리 마음과 생각도 마찬가지야. 그러니 상처를 입더라도 그것을 치유하기 위해 말씀과 기도로 자신을 도와야만 해.

남들을 향해 '왜 내게 그랬어요?'라는 원망도 멈춰야만 해. 그 사람은 나에게 그렇게 한 적이 없을 수도 있어. '왜 이 일이 내게 일어났어요? 왜 이 일을 내게 일어나도록 허락하셨냐고요?'라는 하나님을 향한 원망의 소리도 멈춰야 살아날 수 있어.

'왜'가 아니라 '그러면 어떻게?'에 집중해야 해. 내 내면을 자세히 들여다볼 사람은 나밖에 없고 그 내면의 상처를 치유하시는 일에 적극적으로 도우실 분은 예수님 한 분밖에 안 계시니까 이제는 주님께 '어

떻게 해야 합니까?'라고 여쭤야 하는 거야. 그분은 우리와 같이 고통
의 흔적을 가지신 분이셔서 우리를 다 아시거든. 상처를 이겨낼 길을
아시거든….”

저는 어쩌면 그때의 독백을 이 책에 담았는지도 모르겠습니다. 이
책을 통해 하나님이 우리를 다 아시고 하나님 안에만 길이 있음을 말
하고 싶었으니까요. 그리고 우리가 이 땅에서 사는 동안 궁극적으로
할 일은 예수 그리스도의 몸 된 교회를 이루는 것이기에, 주님께서 주
신 것들로 자신을 돕고 마디마디 연결된 지체를 도와야 한다는 사실
을 말하고 싶었습니다.

그러려면 가장 중요한 게 내가 먼저 주의 영으로 살아나는 일입니
다. 내가 살아야 너를 살릴 수 있기 때문입니다. 만약 이 책을 통해 단
한 사람이라도 주님을 만나 살아났다는 소식이 들려온다면 책이 나오
기까지 하나님의 뜻에 순종한 것을 하나님께서 받으신 줄 믿고 너무
나 기쁠 것 같습니다.

이 책이 나오기까지 적지 않은 시간이 걸렸습니다. 성령세례를 받고
누군가를 위해 기도해주기 시작한 열아홉 살 때부터의 일을 기록했으
니 어쩌면 이 한 권의 책이 나오기까지 40년이 걸렸다고도 말할 수 있
을 것 같습니다. 그 오랜 시간 동안 저의 심지를 견고하게 하신 하나님
께 진정으로 감사드리며 주님의 때에 주께서 하실 일을 진심으로 기대
합니다.

제가 아픔을 견뎌내며 자라가는 동안, 묵묵히 제 곁을 지켜준 남편

송영관 선교사, 그리고 엄마인 제게 순종의 본을 보여준 사랑스러운 딸 예나에게 먼저 고맙다는 말을 전하고 싶습니다.

출간을 기꺼이 허락해주신 규장출판사 여진구 대표님, 책 쓰기를 포기하려 할 때마다 책을 쓰도록 격려하며 도운 편집부 최현수 팀장님, 글을 재구성하고 책 내용이 독자들에게 잘 전달되도록 교정을 도운 후배 한근영 사모님과 조혁진 목사님에게도 감사의 말을 전합니다.

그 외 한 사람 한 사람 이름을 다 밝히지는 못해도 이 책의 출간을 위해 함께 기도하며 기다려주신 사랑하는 믿음의 지체들에게도 감사의 안부를 전합니다. 이 책은 바로 그분들의 이야기입니다.

태국 치앙마이에서
최문정 선교사

PART **3** 하나님을 만남으로 살아나라

PART **4** 기도하고 사랑하며 살아나라

1
PART

말씀을 들음으로 살아나라

예언하는 자는

사람에게 말하여

덕을 세우며 권면하며

위로하는 것이요…

교회의 덕을 세우나니

고전 14:3,4

01

귀를 열면 들려주시는 하나님

쉬지 못하게 하시는 하나님

가을볕이 따사롭던 2018년 10월, 나는 가족을 태국에 남겨둔 채 여기저기 아픈 몸을 이끌고 병원 검진을 받기 위해 한국 땅을 밟았다.

'이번엔 무조건 쉬다 가야지.'

언제부턴가 나는 한국에 올 때마다 누구와도 연락이 닿지 않기를 바라며 숨죽여 지내곤 했다. 그러나 이번에도 그 계획은 얼마 못 가 조용히 무산됐다. 병원 진료를 받을 때를 제외한 모든 시간에 누군가 연결해준 사람들을 만나다 보면 때로는 수면시간마저 부족할 지경이었다.

"선교사님, 이 사람은 꼭 만나서 기도해주셔야 해요."

내게 그런 말을 하는 이들은 상대방에 대한 최소한의 정보만 주며 그와 만나 기도해달라고 부탁했다. 어떤 경우는 상대가 알코올 중독자라는 것과 사는 주소까지 대며 심방 요청을 하기도 했다.

'내가 왜?'

이 생각으로 가기를 주저하다가도, 내 마음을 두드리며 갈 것을 요청하시는 하나님의 마음이 주어지면, 나는 으레 낡고 오래된 성경책 한 권을 챙겨 약속 장소로 향하곤 했다.

처음 보는 이를 만나러 갈 때마다 밀려오는 거대한 두려움을 뭐라 표현해야 할까. 그 두려움이란 마치 한 치 앞이 안 보이는 빽빽한 안개 속에서 길을 찾아 나서야 할 때의 막막함 같기도 하고, 크신 하나님 앞에서 내가 한 영혼을 실족케 해선 안 된다는 경외심에서 비롯된 떨림 같은 것이기도 하다. 내가 내 꼬라지를 뻔히 아는데 부족함투성이인 내가 어떻게 하나님의 말씀을 대언하며 한 영혼을 살리라는 말인가.

그런 생각이 찾아들 때면 나는 처음 예수님을 믿었던 열아홉 살 때로 돌아가 그저 아빠밖에 모르는 어린아이처럼 하나님을 전적으로 의지하며 기도하게 된다.

'하나님, 저는 그저 통로일 뿐입니다. 아무것도 모르는 저를 드리오니 주님 말씀하소서. 주님께서 행하소서.'

무슨 기도 내용이 이래?

한국에 온 지 며칠이 지난 그 날도 나는 이 기도를 하며 용인에 사는 최 집사님 가정을 방문했고, 만나자마자 다른 일체의 얘기를 듣기 전에 기도부터 시작했다. 상대에 대한 정보를 듣고 기도하면 자칫 선입견이 생겨서 하나님의 메시지를 왜곡시킬 수 있어서였다. 그렇게 10분 정도 기도하던 중에 최 집사님에게 다음과 같은 권면이 주어졌다.

"아들을 위해서 따뜻한 밥을 짓고, 인스턴트 음식이 아닌 채소 위주로 반찬을 만들어서 꼭 함께 저녁 식사를 하라고 하십니다."

기도를 끝낸 뒤 얘기를 들어보니 최 집사님은 남편에게 학대받으며 산 아내였다. 남편이 술을 마시고 이유 없이 아내를 때릴 때마다 어린 아들은 그 모습을 무기력하게 지켜봐야만 했단다. 아버지의 혹독한 매질에 엄마가 피투성이가 되어 병원으로 실려 갈 때도 아들은 아무것도 할 수 없었다.

그 여파였을까. 세월이 흘러 사춘기를 맞은 이 아이는 말수가 없고 친구도 없었으며 왕따를 당해 결국 자퇴까지 했다. 이후 아들은 집 밖을 나가지 않았다. 1년 전에 산 새 신발의 밑창이 새것 그대로인 채였다.

최 집사님은 그런 상황에서도 쾌활한 성격을 잃지 않고 믿음으로 살려고 몸부림을 치고 있었다. 모든 예배 참석은 물론, 교회의 각종 중보기도회와 셀모임 등에서 리더로 섬기며 열심히 살았다. 믿지 않는 사람들을 전도하는 일에도 최선을 다했다. 그래서인지 주변 사람들은 최 집사님의 개인적인 아픔을 눈치채지 못했다.

그러나 자식의 해결되지 않는 고통을 바라보는 부모의 속이 아프지 않을 리 없었다. 최 집사님은 속이 시커멓게 타들어 가는 채로 신앙생활을 했고, 누구에게도 위로받지 못하는 외로움과 고단함을 안은 채 눈물로 살아가고 있었다.

지인을 통해 나와의 만남이 예정되었을 때 최 집사님이 내심 하나님의 위로와 칭찬을 고대했던 건 당연한 일이었는지도 모른다. 어려운 상황 속에서도 하나님을 위해 충성스럽게 산 일에 대한 칭찬을 들으면 살아갈 힘이 생길 수도 있으니까.

그런데 그에 대한 칭찬은 아무것도 없고 고작 아들 석우에게 밥을 잘 지어 먹이라는 내용의 기도라니. 하나님이 나를 이렇게 몰라주신단 말인가. 최 집사님은 나를 면전에 두고 하나님에 대한 불편한 마음을 감추지 못하는 눈치였다. 내게는 직접적으로 말하지 않았지만, 나중에는 함께 온 집사님을 향해 "이게 뭐야? 무슨 기도 내용이 이래?"라며 불평을 쏟아냈다.

이를 보면 우리가 얼마나 하나님을 오해하며 살아가는지 알 수 있다. 우리와 가까이 계신 하나님이 내 삶의 주권자이심을 말로만 고백할 뿐, 실제로는 내가 주권자가 되고 하나님을 나의 하수인으로 여기는 경우가 많다.

나를 향한 하나님의 생각을 구하는 기도를 들을 때조차 하나님이 내가 원하는 대로 말씀해주시기를 바란다. 전지하신 그분이 내게 뭐가 가장 좋을지 나보다 더 잘 아셔서 말씀하시는데도, 내가 원하던 내용이 아니면 듣지 않으려 하는 것이다.

하나님이 보실 때, 지금 그 가정에 가장 시급한 문제는 아들 석우를 향한 엄마의 관심과 사랑이었다. 아들 석우가 엄마와 함께 시간을 보내며 마음을 나누는 일이 그 가정을 살리는 길이었다. 그러나 최 집사님은 직장 일과 교회 일로 너무 바빠서 아들에게 인스턴트 음식만 해주며 혼자 있게 했다. 성령께서는 이러한 관계 회복을 위해 무엇을 어떻게 해야 하는지를 구체적으로 알려주셨고 최 집사님은 그와 같은 권면의 말씀을 들어야 했다.

하나님의 말씀을 들으면 왜 삶이 달라지는가

많은 사람이 인생에서 절체절명의 시기에 하나님의 말씀을 '듣고' 인생이 달라졌다고 고백한다. 말씀의 능력이 영혼의 밑바닥에서부터 인격의 지정의(知情意)까지, 나라는 존재를 완전히 바꿔놓았다고 간증한다. 어떻게 이런 일이 가능할까?

첫째, 하나님의 말씀 자체가 지닌 능력과 힘 때문이다.

하나님의 말씀은 살아 있고 힘이 있어서, 어떤 양날 칼보다도 더 날카롭습니다. 그래서, 사람 속을 꿰뚫어 혼과 영을 갈라내고, 관절과 골수를 갈라놓기까지 하며, 마음에 품은 생각과 의도를 밝혀냅니다. 히 4:12, 새번역

그래서 우리는 말씀을 들어야 산다. 더구나 내 힘과 지혜로 풀어갈 수 없는 인생 고난의 시기에 갇혀 있다면 사람의 속을 꿰뚫어 혼과 영을 갈라내는 말씀을 들어야 한다. 말씀을 듣고 그 말씀을 '아멘'으로 받을 때 우리는 말씀의 능력이 문제를 돌파하는 것을 보게 된다.

하나님의 약속은 얼마든지 그리스도 안에서 예가 되니 그런즉 그로 말미암아 우리가 아멘 하여 하나님께 영광을 돌리게 되느니라 고후 1:20

둘째, 우리가 하나님 말씀 '듣는 것'을 하나님께서 기뻐하시기 때문이다. 솔로몬의 기도가 이를 증거한다.

누가 주의 이 많은 백성을 재판할 수 있사오리이까 듣는 마음을 종에게 주사 주의 백성을 재판하여 선악을 분별하게 하옵소서 솔로몬이 이것을 구하매 그 말씀이 주의 마음에 든지라 왕상 3:9,10

솔로몬이 아버지 다윗을 이어 왕이 되자 그는 하나님께 "듣는 마음"을 달라고 간절히 구했다. 솔로몬이 구했던 '듣는 마음'의 의미가 무엇일까?

'듣는'의 히브리어 동사원형은 '쉐마'(shama)로서, 신명기 6장 4절의 "이스라엘아 들으라"에 나오는 "들으라"의 원어와 동일하다. 여기서 '듣는다'라는 단어는 '듣다, 경청하다, 순종하다, 주의 깊게 받아들이다'의 뜻을 모두 포함해 사용되는 동사다. 단순히 소리를 귀로 듣는 것을 넘어 마음으로 받아들여 행동으로 옮기는 것까지를 뜻할 때 이 단어가 쓰인다.

그러므로 솔로몬이 구했던 '듣는 마음'은 그저 백성들의 소리를 청취하는 데 그치지 않고, 백성들의 송사를 잘 들음은 물론, 하나님의 뜻에 귀 기울이고 마음으로 받아들여 따르는 태도를 말한다. 솔로몬은 '백성의 송사를 듣고 분별하는 지혜'가 하나님으로부터 온다는 것을 알고 하나님께 듣고 말씀에 민감하게 순종하겠다고 고백하고 있었던 것이다.

하나님은 그런 솔로몬의 기도에 너무나 기쁘셔서 "네가 자기를 위하여 장수나 부나 원수의 생명 멸하기를 구하지 않고 오직 백성의 송사를 듣고 분별하는 지혜를 구했으니, 지혜도 주고 총명한 마음도 주고, 부도 명예도 다 주겠다"^{왕상 3:12,13}라고 약속하셨다. 하나님은 그분의 말씀을 귀 기울여 듣고 그 말씀에 순종하는 사람을 이처럼 기뻐하신다.

말씀을 들으면 삶이 달라지는 세 번째 이유는, 말씀을 들어야 믿음이 생기기 때문이다.

성경에서 알려주듯이, 하나님은 우리를 창조만 하시고 고통과 죄악의 골짜기와 같은 이 땅에서 혼자 살도록 내버려두지 않으신다. 우리를 사랑하셔서 우리와 함께 살고 싶어 하신다. 세상에 속했던 우리를 예수님의 피로 값을 주어 사시고는, 우리가 하나님께서 뜻하신 데까지 자라나도록 사랑으로 동행하신다.

그런데 그와 같은 동행의 관계가 이루어지려면 우리에게 꼭 필요한 한 가지가 주어져야 한다. 바로 동행자 하나님에 대한 믿음이다. 그런 믿음은 말씀을 들어야 생긴다.

그러므로 믿음은 들음에서 나며 들음은 그리스도의 말씀으로 말미암았느니라 **롬** 10:17

이것이 우리가 기록된 성경 66권을 펼쳐 날마다 그분의 음성을 들어야 하는 이유다. 하나님의 말씀을 들어야 믿음이 생기고, 믿음이 있어야 말씀을 우리 인생의 한복판으로 가져와 순종할 수 있다.

말씀이신 예수님이 내 삶 가운데 들어오시면 삶의 결이 달라지기 시작한다. 더 나아가 나라는 존재 자체가 달라진다. 내가 약간 변하는 정도가 아니라 사람 자체가 달라진다. 나는 정말 하나님 안에 새로운 피조물이 된다.

그런즉 누구든지 그리스도 안에 있으면 새로운 피조물이라 이전 것은 지나갔으니 보라 새것이 되었도다 고후 5:17

하나님의 말씀 듣기를 간절히 사모하라

하나님은 언제나 우리에게 무언가를 말씀하고 싶어 하신다. 그분의 입에서 나오는 말씀을 들어야 우리가 생명의 길로 갈 수 있음을 잘 아시기 때문이다.

그래서 하나님은 우리에게 성경 66권을 주셔서 언제든 하나님의 음성을 '듣게' 하셨다. 성경을 주시고, 그 성경을 본문으로 하는 설교, 그리고 성경의 메시지를 담은, 나를 향한 하나님의 생각을 들려주시는 기도라는 채널까지 주셔서 그분의 음성을 듣게 하셨다. 말씀을 들음으로 죄와 절망과 고통과 사망으로부터 구원받을 수 있게 하셨다.

그런 까닭에 나는 이 책을 쓰면서도 기도 사역을 하는 어느 개인의 이야기에 초점을 두지 않으려고 몸부림을 치는 중이다. 모든 기도가 그렇듯 예언기도의 핵심도 하나님의 뜻을 '듣는' 일이요 들음으로 하나님을 아는 일이기 때문이다.

따라서 이 책도 은사자 개인이나 '예언의 은사' 자체를 알리기 위해 기록된 것이 아님을 꼭 기억하기를 바란다. 2장과 3장에서 부득불 내 고백을 하겠지만 그것은 그저 어떻게 하면 우리가 하나님의 말씀을 듣고 그분을 만날 수 있는지, 하나님은 과연 어떤 분이신지를 알리기 위해서임을 밝혀둔다. 우리가 관심을 둘 중요한 초점은 개인의 체험이 아니라 그 이야기 속에 드러나는 하나님의 말씀이어야 하기 때문이다.

지금도 수많은 사람이 하나님의 음성을 듣지 못하고 하나님을 만나지 못한 채 살아가고 있다. 더 큰 문제는 그리스도인이라는 사람조차 하나님의 말씀을 듣지 못해도 아무 문제의식 없이 살아간다는 것이다. 몇 번 들으려고 시도하다가 말씀이 내게 주시는 하나님의 음성으로 들리지 않으면 금세 하나님 음성 듣기를 포기해 버린다.

그러나 포기하는 것만큼 위험한 일은 없다. 양은 목자의 음성을 알아듣는다고[요 10:16] 하지 않았는가. 이 말은 양이 목자의 음성을 듣고 그 음성대로 따라야 생명의 길로 간다는 뜻이기도 하다. 만약 양인 우리가 하나님의 음성을 듣는 걸 포기한 채 다른 음성을 따라 살아간다면 필경 사망의 길로 갈 수밖에 없고 결국은 낭떠러지 아래로 추락하게 된다. 그러므로 목자이신 주의 음성이 들려오지 않는다면 슬퍼하는 걸 넘어 통탄하고 부르짖어야 한다.

나 역시도 주의 음성이 들리지 않을 때면 캄캄한 밤길에 홀로 선 양처럼 주를 향해 울며 부르짖기를 주저하지 않는다. 특히나 선교지에서 별의별 영적 전투를 치를 때마다 하나님의 음성을 들어야 살수 있다는 절박함으로, 말씀 주시기를 얼마나 간절히 사모하는지 모른다.

하나님의 음성을 듣는 가장 확실한 책인 성경을 펴서 읽다가 부르짖어 기도하고, 울다가 눈물을 닦고 다시 성경을 읽는다. 하나님의 음성을 듣기 위해서다. 하나님의 말씀을 듣지 않으면 죽을 수밖에 없는 암울한 현실을 알기 때문이다.

그래서 나는 가끔씩 한국에 들어와 공예배를 드릴 때도 말씀을 사모하는 이들을 만나기를 간절히 고대한다. "하나님, 한 말씀만 하소서. 내가 듣겠나이다"라는 태도로 예배하는 가난한 심령의 예배자들로 교회가 꽉꽉 들어차기를 바라며 그 한 사람을 찾는다. 그 한 사람을 통해서 진정한 부흥이 일어날 것임을 믿기 때문이다.

먼저 나를 내려놓아야

우리는 어떻게 해야 하나님의 음성을 들을 수 있을까?

어떤 이들은 "하나님이 말씀하셔야 우리가 듣지요"라고 답함으로써, 말씀을 듣지 않으려는 우리의 완고함을 하나님 탓으로 돌리기도 한다. 그러나 성경은 하나님이 언제나 말씀하시는 분이심을 분명히 한다.

따라서 말씀을 듣기 위해 우리가 취해야 할 단 하나의 태도가 있다면 '말씀을 들으려는 자세'일 것이다. 하나님 말씀을 들으려고 하기보다는 내 생각에 집중하기 때문에, 또한 말씀을 듣기 위해 성경을 펴지 않기 때문에 안 들린다는 것을 반드시 기억하기를 바란다.

하나님은 그분의 음성을 들으려 하는 이에게 반드시 말씀을 들려주시는 분이다.

> 나를 사랑하는 자들이 나의 사랑을 입으며 나를 간절히 찾는 자가 나를 만날 것이니라 잠 8:17

나는 예언기도를 할 때마다 먼저 방언으로 기도한 후에 한국말로 통변하듯이 예언의 말씀을 전하곤 하는데, 간혹 방언기도가 나오는 부분에서 '이게 무슨 뜻이지?'라는 내 생각에 순간 멈칫할 때가 있다. 그러면 그 잠깐의 순간에도 집중력이 흐트러져 하나님의 음성 듣는 것을 놓치고 만다.

자기 자신에게 몰두하는 일이야말로 하나님 음성을 듣는 데에 가장 큰 방해가 된다는 뜻이다. 결국 내가 완전히 없어져야 말씀하시는 하나님의 음성이 들리고 들림과 동시에 통로가 되어 그 말씀을 전할 수 있다. 그걸 한 번이라도 경험한 사람은 이 말이 무슨 뜻인지 공감할 것이다.

예배드릴 때도 마찬가지다. 예배를 드리려는 우리에게 가장 필요한 것은 예배를 관람하고 평가하려는 나의 모든 생각을 먼저 내려놓는 일이다. 내려놓는다는 건 내 생각을 멈추고 선포된 말씀에 순종하겠다는 마음의 결정을 하는 것을 말한다. 내 귀를 온전히 주의 말씀에만 열어놓는 것이다.

그런 사람에게 하나님은 그분의 음성을 들려주신다. 그러면 그 사람은 더는 예배 후에 목사님이 설교를 잘했나 못했나를 논하며 시간을 낭비하지 않는다. 그때부터는 자신이 하나님의 음성을 바로 잘 알아들었는지 아닌지를 점검할 뿐이다. 그리고는 주신 말씀으로 삶의 이야기를 써 내려가기 위해 마음을 다해 기도하며 산다. 온 피조세계 속에서 말씀하시는[롬 1:20] 하나님의 음성을 날마다 때마다 구체적으로 들으며 산다. 자구만 곁길로 가던 양이 이제 제 갈 길을 따라 걷게 되는 것이다.

듣고 믿음으로 행하는 이에게

2018년 가을에 만났던 최 집사님은 그날의 만남 이후, 하나님의 말씀을 '듣고' 행하는 일에 모든 초점을 맞추어 살아가기 시작했다.

그러나 최 집사님이 하나님 말씀 듣기에 집중하는 동안에도 아들 석우에게는 이렇다 할 변화가 쉽게 찾아오지 않았다. 그 일 이후에도 석우는 자신에게 아픔을 주는 사람들에게 대처할 힘이 없어 3년 동안이나 혼자 자기만의 세계인 방에서 칩거하며 살다시피 했다. 신발 밑창에 흙이 하나도 묻지 않은 채로 말이다.

그러다가 3년이 지난 2021년 가을, 하나님께서 다시 한번 우리의 만남을 이끄셨는데 그때 만난 최 집사님은 하나님을 향해 겸손히 낮아져 있었다. 최 집사님의 태도에서 하나님을 삶의 주권자로 인정하며 무엇이든 말씀하시는 대로 듣고 순종하겠다는 신앙이 전해져 왔다. 그런 최 집사님을 향해 이번엔 이렇게 기도가 나왔다.

"어느 날 갑자기 석우가 그 마음의 빗장을 열고 나올 거라고 하십니다."

중요한 것은 이 말씀이 주어진 이후에 보인 최 집사님의 태도였다. 그 가을에 주어진 이 기도 내용을 붙들고 최 집사님은 새벽마다 하나님 앞에 앉아 힘을 다해 믿음의 선포를 했다.

"우리 석우를 하나님께서 도우실 겁니다. 우리 아들이 마음의 빗장을 열고 세상 속으로 나가게 하시리라 믿습니다."

그렇게 기도하며 3개월을 보내던 어느 날, 정말 기적 같은 일이 일어났다. 코로나로 모든 세상에 단절이 일어나고 일자리가 없어지던 그때, 아들 석우가 돈을 벌기 위해 세상으로 나가겠다고 한 것이다.

마침 집사님도 일이 끊기고 임대아파트를 벗어나 전망 좋은 아파트로 이사하느라 재정적 압박을 받고 있던 터였다. 하지만 아들이 과연 세상 속으로 나갈 수 있을지 걱정이 앞섰다. 나가기를 바라는 마음은 굴뚝 같지만 조심스레 아들에게 물었다.

"괜찮겠어? 정말 할 수 있겠어? 사람들이 두렵지 않아?"

아들로부터 되돌아온 대답은 할 수 있다는 거였다.

'아! 하나님, 어떻게 이런 일이…. 하나님, 감사합니다.'

그 뒤 석우는 편의점 아르바이트를 성실하게 감당했다. 3년을 방에서만 지냈던 청년이라고 믿기지 않을 정도였다. 석우의 모습을 지켜보던 주인은 얼마 뒤 낮 시간에도 나와줄 수 있느냐고 물었다.

사람들이 두려워 비교적 한산한 밤 시간을 택해 일했는데, 주인이 보기에는 잠시 시간간 때우고 사라지는 여느 아르바이트생들과는 다르게 지속적으로 묵묵히 일하는 석우의 모습이 대견했던 것이다.

그렇게 석우는 낮에도 일하며 매달 아르바이트 급여로 180만 원을 받아 왔고, 그중 30만 원은 용돈으로 쓰고 나머지는 엄마에게 꼬박꼬박 드렸다.

석우를 그 방에서 나오게 한 동기는 무엇이었을까? 이에 관해서는 본인이 말을 하지 않으니 엄마도, 그 누구도 알지 못한다. 하지만 한 가지 사실만큼은 분명하다. 석우 엄마 최 집사님이 기도받을 때 들은 내용대로 하나님을 믿고 순종하며 기도했을 때, 우리를 사랑하시는 하나님께서 하나님의 선하신 뜻대로 그녀의 기도에 답해주셨다는 것이다.

그를 향하여 우리의 가진 바 담대한 것이 이것이니 그의 뜻대로 무엇을 구하면 들으심이라 요일 5:14

02

나를 살리고 너를 살리시는 성령님

하나님이 나한테 이럴 수가 없어!

열아홉 살이 될 때까지 나는 하나님의 말씀을 듣지 못하는 사람이었다. 말씀을 못 들으니 내 귀에 들려오는 건 불완전하고 불안한 '내 생각의 소리'뿐이었다. 죄와 상처와 고통으로 얼룩진 마음의 소리를 따라 살아서인지 나는 날마다 어딘가를 헤매다가 상처투성이가 되는 것 같았다.

실제로 내 청춘은 한 발짝 길을 나설 때마다 무언가에 자주 부딪쳤다. 행선지도 모르는데 덜컹거리기까지 하는 버스에 실려 멀미를 하는 느낌이랄까, 울렁거리는 마음을 진정시키려다가 억울함이 치밀어 오르면 구석진 창문을 열어 홀로 호흡을 가다듬는 심정이었다.

암울하고 가난한 가정환경에서도 무언가를 해보겠다며 간호대학에 도전해 합격했는데, 신체검사에서 폐결핵이 발견되어 대학 입학마저 포기해야 했을 때는 좌절감에 고개를 떨구어야 했다. 나는 이제 무얼 하며 살아야 할까….

설상가상으로 그 무렵에 맞이한 할머니의 죽음은 그와 같은 무력감에 더욱 부채질을 해댔다. 세상 두려울 게 없다는 듯 가끔은 남들에게 점도 쳐줬다는 할머니, 날카롭고도 강한 성격으로 엄마를 비롯한 식구들을 쥐 잡듯 잡았던 할머니는 죽음 앞에서 죽음이 두려워 사시나무 떨듯 떨다가 가셨다. 그런 할머니의 임종 순간을 지켜보자니 인생의 허망함과 죽음에 대한 두려움이 내 영혼에 쓰나미처럼 덮쳐들었다.

"문정아, 하나님이 살아 계셔."

어느 날 큰언니가 와서 이렇게 말했을 때 부아가 치밀었던 건 그래서였다. 늪에 빠진 듯 벗어날 수 없는 환경에 갇혀 괴로워하는 나와 달리 밝은 목소리와 표정으로 내일부터 기도원에서 열리는 부흥회에 가보자고 권하는 큰언니의 말을 듣자 나도 모르게 화가 났다.

"뭐? 하나님이 살아 계신다고? 살아 계시면 내 앞에 나타나 보라고 해!"

이 말을 하고도 분이 안 풀렸던 나는 한마디를 더 보탰다.

"하나님이 살아 계시면 나한테 이럴 수가 없어!"

할머니의 무속신앙을 물려주고 싶지 않았던 엄마의 권유로 나를 포함한 우리 아홉 명의 딸들은 어려서부터 다 같이 교회에 다녔다.

하지만 내 나름대로 철학적인 사고를 했던 탓인지 나는 사춘기에 접어들면서 교회라는 데를 떠나고 말았다. 주일학교에서 성경 이야기를 듣는 일은 재미있었지만, 살아 계신다는 하나님을 인격적으로 만나본 적이 한 번도 없어서였다.

이후 하나님이란 단어가 나오면 이상하게 반항심이 일었다. 하나님의 존재에 대한 어설픈 나의 지식이 어린 시절부터 겪었던 숱한 고통의 원인을 하나님께로 돌리게 했는지도 모른다. 그날도 평소 말수 없던 내가 갑자기 큰소리를 내며 하나님을 거부하자 큰언니는 더 이상 아무 말도 하지 못했다.

그런데 그러고 나서 이상한 일이 벌어졌다. 그 말을 한 다음부터 내 마음 어딘가로 바람이 스윽 지나가는 듯했다. 마음 어딘가 뻥 뚫린 것 같은 허허로움도 찾아들었다. 내가 뭔가 진실을 왜곡해버린 느낌이랄까, 큰 잘못을 했다는 생각이 들면서 마침 그날 누군가가 우리 집 우편함에 꽂아둔 전도지의 성경 구절이 뚜렷하게 떠올랐다.

이르되 주 예수를 믿으라 그리하면 너와 네 집이 구원을 받으리라 하고 행 16:31

주 예수? 구원? 이 말씀대로, 예수님을 믿으면 내 영혼이 진정 구원받을 수 있는지 알고 싶어졌다. 정말로 계신 하나님, 존재하시는 하나님을 내가 없다고 했다면 큰일이었다. 나야말로 누군가가 나를 건져

내야만 살 수 있는, 깊은 바다에 빠져 표류하는 조난자가 아닌가.

이 생각이 그 밤 너내 머릿속을 떠나지 않았던 나는 다음 날 아침이 되자 뭔가에 이끌리듯 부흥회가 열리는 기도원으로 향했다. 하나님이 살아 계시면 나타나 보이라며 하나님을 거부하던 내가, 살아 계시는 하나님을 만나고 싶어 내 발로 총총히 기도원으로 걸어 들어갔다.

만 볼트의 고압 전류

하룻밤 만에 달라진 나의 영적 태도를 어떻게 설명할 수 있을까? 사실 나는 큰언니에게 화를 낸 시간을 기점으로, 진리에 목말라 죽어가는 나 자신의 실체를 보았던 것 같다. 그것이야말로 놀라운 은혜였다.

정말로 나는 기도원에 도착하고서도 하나님의 말씀이 듣고 싶어 애가 탔다. 목마른 사슴이 물을 찾듯 무언가에 주린 심정으로 강사 목사님의 설교를 경청했다. 그러나 기대감은 곧 실망으로 바뀌고 말았다. 강사 목사님이 성경을 풀어 설교를 전하는 게 아니라 자신의 체험담 위주로 얘기했기 때문이다. "천국에 가봤더니 하나님께서 우리의 험담했던 소리를 확성기로 틀어서 우리에게 듣게 하시더라. 그러니 남 험담을 하지 말라"라는 식의 내용이었다.

교회에 다니던 어린 날부터 귀에 못이 박히도록 들었던 것은 예수 그리스도의 십자가 은혜가 아니라 "그리스도인은 이러저러한 것을 지켜야 한다"라는 율법적인 가르침이었다. 그래서인지 내 마음은 무언가에 늘 짓눌려 있었고, 그날도 강사 목사님의 얘기를 듣다 보니 두려움만 가중되었다. 구원받기에 합당하지 못한 내 존재의 실상만 더욱 알게 되면서 마음이 답답해질 뿐이었다.

"아….."

성경을 통해 근원적인 진리를 알고 싶은 갈망이 그렇게 좌절되자 내 입에서 짧은 탄성이 터져 나오며 온몸의 힘이 쭈욱 빠졌다. 그러나 이내 이런 생각이 들었다.

'만약 천국에 가보셨다는 목사님의 저 말이 사실이라면 나도 천국에 가서 그곳에 계신 하나님을 꼭 만나고 싶다.'

지금 돌아보면 그 목사님의 설교가 성경적이지 않았어도, 하나님은 주님을 찾는 내 마음의 갈급함을 귀히 보시고 잠시 뒤 그분의 놀라운 은혜를 부어주신 게 아닌가 싶다.

물론 나는 부어주실 은혜가 어떤 건지 몰랐지만 이번에는 꼭 하나님을 만나야겠다는 갈급함과 간절함으로 하나님을 계속해서 찾았다. 설교가 끝난 후에도 그 자리에 앉아 사력을 다해 부르짖었다. 부르짖었다고 하지만 실제로는 그전까지 소리 내서 기도한 적이 없었기 때문에 속으로 외쳤다고 하는 게 정확한 표현이다.

'주님, 저 좀 만나주세요. 하나님, 저 만나주세요. 살아 계시면 저 좀 만나주세요. 저는 하나님을 만나야만 해요.'

하나님을 만나는 것 외에는 어떤 것도 구하지 않았다. 하나님을 만나지 않으면 죽을 것 같아서 '하나님, 제발요'라는 심정으로 나를 만나달라고 기도했다.

'하나님, 저 만나주세요. 제발 만나주세요. 만나주시지 않으면 저 죽어요.'

두 손을 모은 채 그렇게 기도하기를 얼마나 했을까. 어느 순간 회개의 눈물이 터지면서 보이지 않는 불이 내 몸에 떨어졌다. 나는 회개의 눈물을 흘리는 동시에 엄청난 전류에 감전되어 버렸다.

모으고 있던 두 손을 아무리 떼려고 해도 떼어지지 않았고 내 온몸이 그대로 굳은 채 전류에 타는 듯했다. 정말로 실재하는 성령의 불이 내게로 떨어진 것이다!

나는 그때의 그 불이 '단 볼트의 불'이었다고 나중에 표현하곤 했다. 엄청난 전류였지만 아프지는 않은 불, 온몸이 굳을 만큼 나를 강력하게 지배했지만 너무나 부드러운 그 불 속에서 나는 나도 처음 들어보는 이상한 소리를 내고 있었다.

"아, 방언하려나 보다!"

옆에서 나를 보며 수군대는 소리가 들렸다. 불이 떨어짐과 동시에 엄청나게 울며 소리 내어 기도했기 때문에 모든 회중이 나를 주목하고 있었다. 옆에서 웅성거리는 소리, 놀라워하는 소리도 다 내 귀에 들렸다. 그래도 나는 방언기도를 멈출 수 없었다.

사실 그것이 방언이었다는 것도 나중에 알았다. 그간 나는 방언에 대해서나 성령세례에 대해 한 번도 배운 적이 없었다. 그런데 구하지도 않았고 배우지도 않은 방언을 내가 말하고 있다니. 그것도 머리부터 발끝까지 나를 제어하는 어떤 큰 힘에 사로잡힌 채 유창한 중국어 방언(이것도 나중에 알았다)을 1시간 내내 눈물, 콧물을 흘리며 내 입에서 쏟고 있었다.

그렇게 나는 영의 기도를 한 시간 정도 했던 것 같다. 기도하기를 멈추지 않자 기도원 원장님이 와서 내게 말했다.

"왜 울어? 이제 그만 울어."

기도하면서도 나의 이성은 그 소리를 다 들었으므로 그 분의 통제를 받아들일 수 있었다. 울기를 멈추자 원장님이 기도하기 시작했다.

"하나님, 이 자매가 하나님도 모르는데 하나님 이름을 부르네요. 용서해주세요."

'아니, 이건 또 무슨 말이지?'

나는 눈을 감은 채 그 기도 소리를 들으며 고개를 저었다.

'나는 예수님을 아는데? 하나님을 아버지로 만났는데 왜 하나님을 모른다고 하지?'

나는 이성이 살아 있어서 고개를 숙인 채 그 분의 통제를 따랐지만, 내 영은 그 말에 화가 났다. 아마도 그 원장님은 내게 일어난 일들이 어떤 일인지 분별하지 못해 그런 말을 했을 것이다.

"자매님, 내 기도를 따라 해봐요. 예수님, 감사합니다."

기도를 따라 하라는 말에 순종하여 "예수님 감사합니다"라고 했다. 그러자 내 영혼 저 깊은 곳에서부터 말할 수 없는 기쁨이 솟구쳐

올라왔다. 세상이 줄 수 없는 평안, 내 영혼을 뒤덮는 기쁨이 내 얼굴에 피어났다. 나는 눈물을 철철 흘리며 벅찬 기쁨의 미소를 함께 지었다.

"웃으니까 좋잖아, 얼마나 예뻐."

원장님은 내 모습을 보고 안심하는 듯했다. 아마도 내가 엄청나게 통곡하며 우는 것을 걱정스런 눈으로 보았던 것 같고, 내가 예수님의 이름을 부르며 기도한 후에 웃음을 되찾자 제정신이 돌아온 것으로 여겼던 것 같다.

나중에 그때를 돌아보면서 나는 사역자들에게 고린도전서 12장에 나오는 '영 분별의 은사'가 주어지는 것이 얼마나 중요한지 깨달았고, 지금도 같은 생각이다. 성령세례가 부어질 때의 '거룩한 무질서'를 제대로 분별하고 수용하지 못하면 자칫 성령의 역사를 왜곡시킬 수 있기 때문이다.

훗날 내가 많은 사람과 함께 기도하며 체험한 바에 의하면, 방언 등 성령의 은사는 통곡과 같은 회개 후에 주어지는 경우가 대부분이었다. 사탄의 나라에서 죄의 종노릇을 하며 살던 삶에서 돌이켜 하나님나라로 들어갈 때는 심장이 찢어지는 듯한 돌이킴의 역사가 나타나는 게 당연하다.

성령세례를 받을 때 어떤 이들이 온몸을 떼구르르 구르며 회개하는 것도 같은 맥락에서 이해할 수 있다. 어떤 이들은 몇 날 며칠 동안 종일 울기도 한다. 그리고 그런 회개의 사건 후에 하나님은 반드시 기쁨과 평안이라는 선물을 주신다.

나 역시 그 일을 겪고 다음 날 새벽에 기도원을 내려오는데 내 안에 솟구치는 기쁨과 감사와 충만을 뭐라 표현할 길이 없었다. 생전 처음 겪는 충만과 기쁨이 내가 보는 세상에도 가득했다. 숲이 노래하고 있었다. 4월의 푸르른 신록이 온몸을 다해 춤추며 하나님을 찬양하고, 새들도, 물소리도 하나님을 경배하고 있었다.

'아, 초록이여….'

춤추며 찬양하는 피조 세계를 보다가 초록색이 이토록 아름다운 색이었는지를 처음 알았다. 그 감격과 벅찬 환희 속에 팔짝팔짝 뛰며 산에서 내려왔다.

기쁨은 동네 어귀에 들어와서도 멈추지 않았다. 사람들을 보는데 사람들이 그렇게 사랑스러울 수가 없었다. 밭을 매고 계신 동네 할머니가 보이자 나는 다짜고짜 할머니께 다가가 웃음 가득한 얼굴로 말씀드렸다.

"할머니, 하나님이 살아 계셔요!"

뜬금없는 나의 그 말에도 할머니는 '맞아, 하나님은 살아 계시지'라고 화답하듯 얼굴 가득 웃음으로 응대해주셨다. 할머니가 천사처럼 보였다.

하나님은 살아 계실 뿐 아니라 나와 관련 있는 분이셨다. 그분은 나를 사랑하셔서 내가 가진 어둠과 죄를 대신 담당할 예수 그리스도를 보내주셨고, 나는 예수님의 십자가 공로로 이제 무거운 짐을 벗고 하나님나라에 들어가 사는 존재가 되었다.

'아, 예수님….'

성령께서 내 안에 오시자 나는 어린 시절부터 들었던 복음의 퍼즐 조각들이 하나의 그림으로 맞춰지는 것을 경험했다. 예수님이 내 눈에는 보이지 않았지만, 그분의 영이신 성령님이 내게 오시니, 예수님이 누구시고 어떤 분기신지 깨달아진 것이다.

내가 아버지께로부터 너희에게 보낼 보혜사 곧 아버지께로부터 나오시는 진리의 성령이 오실 때에 그가 나를 증언하실 것이요 요 15:26

발걸음이 가벼웠다. 내 온몸과 마음과 영혼이 날아갈 것 같았다. 나를 위해 죽으시고 다시 사신 예수님. 그 예수님이 보내신 성령님이 내게 오셨으니 나는 더 이상 어둠에 파묻혀 살지 않아도 되었다. 진리가 나를 자유롭게 한다는 말씀 그대로였다. 나는 사냥꾼의 올무에서 벗어난 새처럼 자유로웠다. 나는 주의 영으로 그렇게 살아났다.

성령세례 이후의 밝음과 어두움

그날 이후 내게 찾아온 첫 변화는 예배에 대한 사모함이었다. 사모함이 얼마나 컸던지 집으로 돌아온 다음 날 새벽부터 예배당 종소리가 나는 곳이면 그곳이 어디든 뛰어 들어가 예배를 드렸다. 하나님을 만나고 싶어서였다. 내 나이 열아홉, 아직 어린 나이였기에 하나님이 교회에만 계시는 걸로 생각해서 예배 시간만 되면 아빠를 만나러 가는 어린아이처럼 예배실로 뛰어 들어갔다.

예배의 자리에 가면 그 자체로 너무 좋았고, 말씀을 들은 후 기도하는 시간이 되면 시간 가는 줄 모르고 기도했다. 중국어 방언이 시작된 이후 내 입에서는 계속 일본어 방언, 영어 방언 등 새 방언이 나왔다. 외국어라고는 전혀 모르는 내가 기도를 시작하면 유창하게 외국 말이 나오는 게 신기한 일이었다.

방언을 받아서 그런지 시도 때도 없이 기도가 하고 싶어서 길을 가다가도 교회만 보이면 예배당 안으로 뛰어 들어가 두세 시간씩 기도하다 나왔다.

기도란 내가 바라는 무언가를 얻기 위한 수단이 아니라 전적으로 하나님을 만나기 위한 시간임을 그때 알았다. '임재'라는 단어도 나중에야 알았지만, 나는 그때 기도 시간마다 하나님의 임재를 누리고 있었다.

그러나 아직 절제를 배우지 못해서 때로는 새벽기도 하는 그 고요한 시간에 기도하는 옆 사람에게 방해가 될 정도로 크게 기도하기도 했다. 그러자 어떤 분이 기도하는 내 등 뒤에 와서 큰 소리로 방언을 하셨다. 조용하게 기도하던 분이 갑자기 크게 소리를 내시길래 나는 금방 나를 통제하고자 하는 뜻으로 알아들었다. 내가 조용해지자 이내 그 분도 조용히 기도하셨다.

그때 내가 느낀 것은 성령의 은사는 교회의 영적인 통제를 받아야 하고, 얼마든지 받을 수 있어야 한다는 것이다. 특히나 제한된 공간에서 기도할 때는 다른 사람의 기도를 방해하지 않도록 내가 방언기도를 절제해야 한다는 것을 깨달았다. 모든 은사는 교회의 질서와 권위를 따라 사용되어야 한다는 성령의 가르침이었을 것이다.

그런즉 내 형제들아 예언하기를 사모하며 방언 말하기를 금하지 말라 모든 것을 품위 있게 하고 질서 있게 하라 고전 14:39,40

새벽마다 몇 시간씩 기도가 이어지자 이번에는 교회의 어떤 분이 말씀을 보라고 권면해주셨다. 그것도 크게 소리 내어 읽으라고 하셨다. 어른의 말씀에 순종적이던 나는 그때부터 성경 말씀을 몇 시간씩 보았다. 마태복음, 마가복음, 누가복음, 요한복음…. 하지만 그때는 소리 내어 성경을 읽어도 말씀의 뜻이 정확히 깨달아지지 않았다. 성경공부가 너무나 필요한 시점이었다.

성경공부의 중요성은 사도행전 8장에 소개된 에디오피아 내시의 이야기에서도 알 수 있다. 예수님의 제자인 빌립은 예루살렘에서 가사로 내려가다가 이사야서의 글을 읽는 에디오피아 내시를 만나자 "읽는 것을 깨닫느냐?'라고 묻는다.

내시가 "지도해주는 사람이 없는데 어떻게 깨닫겠습니까?" 행 8:31 라고 대답하자 빌립은 에디오피아 내시가 읽던 성경 본문을 해석하며 우리가 기다리던 메시아가 바로 예수 그리스도이심을 알려준다. 그제야 복음을 깨달은 에디오피아 내시는 당장에 물가로 가서 세례를 받는다.

때를 따라 성경의 가르침을 받는 것은 이렇게 중요하다. 가르침을 받아야 진리를 정확히 깨닫고 예수님을 구주요 주인으로 섬기며 살 수 있다.

성령의 은사를 체험한 사람들이라면 더더욱 성경을 배우며 하나님이 누구신지를 알아가는 일에 주력해야 한다. 은사 체험은 각 개인의 주관적인 경험에만 머물러 자칫 위험하게 사용될 수도 있지만, 기록된 말씀으로 지도함을 받으면 은사를 주신 하나님의 의도와 뜻을 따라 그 은사를 오직 예수 그리스도의 영광을 위해 유용하게 사용할 수 있기 때문이다.

당시만 해도 성경을 공부하는 사람도 주변에 거의 없었고 나도 그 부분에 대해 잘 모르다 보니 나는 기도하는 데에만 전심전력을 다했다. 그 열정이 얼마나 뜨거웠던지 언니를 따라서 산기도까지 다녔다. 한국 교회에 산기도 열풍이 불던 무렵이었다. 사람들은 병을 고치거나 문제를 해결하기 위한 목적으로 새벽이나 밤마다 기도원이 있는 산에 올라가 나무뿌리를 뽑아낼 정도의 열심으로 기도했다.

그렇게 기도하다 보면 별의별 일들도 목격했다. 정말 병이 낫기도 하고, 귀신 들린 사람이며 귀신을 쫓아내는 모습도 적잖이 보였다.

“너는 누구냐?”

"나는 군대다!"

귀신을 쫓는 중어 이렇게 묻고 답하는 일은 물론, 귀신 들린 어른의 입에서 나는 이상한 소리까지 다 듣고 볼 수 있었다. 때로는 신기하기도 했지만, '세상에는 하나님의 영만이 아니라 귀신의 영도 실재하는구나'라는 생각에 문득문득 무서움이 느껴지기도 했다.

돌아보면 그런 경험들이 이제 막 그리스도인으로 태어나 말씀으로 견고하게 무장하지 않은 어린아이 같은 내게는 위험한 일이었다. 소위 영적인 세계에 마음 문이 활짝 열려 무작정 받아들이던 때였기 때문에 자칫 어둠의 영에게도 아무 분별없이 마음 문을 열어줄 가능성이 컸다.

그래서일까, 얼마 후 이상한 일이 일어났다. 그날은 마침 부흥회 기간이라 우리 자매들은 너나 할 것 없이 집에서도 서로 기도하기를 독려하는 중이었다.

나는 딸만 아홉 명인 집안의 여섯째인데 셋째 언니가 내게 "문정아, 네가 방언을 할 수 있으니까 집에서 엄마의 아픈 다리가 낫도록 방언으로 기도해"라고 했다. 언니의 그 말에 나는 엄마의 다리를 잡고 방언으로 기도하기 시작했다. 우리 모두 말씀의 가르침을 받지 못할 때라 방언이 무슨 큰 능력이라도 되는 줄 알고 방언기도를 하며 병 고치는 흉내를 냈던 것이다.

그런데 방언기도를 하던 내가 돌연 초등학교 교사인 셋째 언니와 간호사인 언니에게 우리말로 명령을 하기 시작했다.

“셋째 언니, 언니는 오늘 학교에 출근하지 말고 부흥회 참석해!”

“다섯째 언니, 지난 몇 월 며칠에 이런 죄를 지었지?”

나는 셋째, 다섯째 언니를 향해 위압적인 태도로 이런저런 명령을 내리고, 언니들의 숨겨진 죄를 들춰내며 무섭게 참소하고 고발하기까지 했다.

그러자 정신병동 간호사였던 다섯째 언니가 내 머리를 딱 치면서 “이게, 너 미쳤냐?”라고 했는데 내가 엄청나게 화를 내며 이상한 목소리로 이렇게 말했다.

“지금 여기 있는 사람은 네 동생이 아니라 하나님이야!”

아, 이게 무슨 말인가? 내가 나 자신을 하나님이라 말하다니.

그는 대적하는 자라 신이라고 불리는 모든 것과 숭배함을 받는 것에 대항하여 그 위에 자기를 높이고 하나님의 성전에 앉아 자기를 하나님이라고 내세우느니라 살후 2:4

그런 내 모습을 이상하다고 생각한 큰언니는 당장 나를 영 분별 은사를 가진 집사님에게 데리고 갔다(당시에는 성령의 각종 은사를 받은 분들이 교회와 기도원마다 적지 않았다). 어느새 나는 악한 영의 지배를 받았던 것이다.

놀랍게도, 영 분별 은사를 받았다는 집사님은 나를 눕혀 놓은 채 나사렛 예수의 이름으로 나갈 것을 명했고, 이에 나를 조종하던 귀신

은 곧 쫓겨났다. "마귀를 대적하라 그리하면 너희를 피하리라"^{약 4:7}라
는 말씀 그대로였다.

무얼 주시기 위함이었을까

왜 이런 일이 벌어졌고, 그 일은 내게 어떤 의미로 해석될 수 있을
까? 나는 그 사건을 경험하며 다음과 같은 세 가지 사실을 결론적으
로 알게 되었다.

첫째, 성령세례를 받은 후에도 귀신에게 미혹될 수 있다는 것이다.
예수님을 구주로 영접한 자가 귀신 들릴 수 있느냐(악한 영의 지배를
받을 수 있느냐)의 여부에 대해 한국 교회는 "그럴 수 있다"와 "결코
그럴 수 없다"라는 두 가지 상반되는 주장을 해 왔다.

그러나 내 경험에 의하면, 성령세례를 경험한 그리스도인이라 할지
라도 그 회개한 심령을 말씀으로 채우지 않으면 예수님을 주인으로
삼지 못한 어느 순간에 우는 사자와 같이 달려드는 마귀에게 넘어갈
수 있었다.

더러운 귀신이 사람에게서 나갔을 때에 물 없는 곳으로 다니며 쉬
기를 구하되 쉴 곳을 얻지 못하고 이에 이르되 내가 나온 내 집으
로 돌아가리라 하고 와 보니 그 집이 비고 청소되고 수리되었거늘
이에 가서 저보다 더 악한 귀신 일곱을 데리고 들어가서 거하니 그

사람의 나중 형편이 전보다 더욱 심하게 되느니라 이 악한 세대가 또한 이렇게 되리라 마 12:43-45

그래서 예수님을 믿는 우리는 에베소서 6장의 말씀대로 성령의 전신갑주를 입어야 한다. 항상 깨어 기도하고 동시에 말씀의 검으로 무장해야 한다. 특히나 말씀의 가르침을 제대로 받지 못하면 두려움을 빌미로 마귀가 공격해 들어올 때 무방비상태가 될 수 있다.

둘째, 나는 이때의 경험을 통해 하나님께서 각 사람에게 서로 다른 성령의 은사를 허락하신 이유와 그 각각의 은사가 우리에게 매우 유익하다는 사실을 알았다.

은사는 여러 가지나 성령은 같고 직분은 여러 가지나 주는 같으며 또 사역은 여러 가지나 모든 것을 모든 사람 가운데서 이루시는 하나님은 같으니 각 사람에게 성령을 나타내심은 유익하게 하려 하심이라 고전 12:4-7

만약 그때 내가 영 분별의 은사를 받은 분을 만나지 못했다면 어떻게 되었을까? 아마도 나는 누군가에게 조종당하는지도 모른 채 거짓 영이 이끄는 대로 사람들을 정죄하며 그들에게 명령하고, 스스로 하나님이라 높이며 살고 있을지도 모른다.

여기서 짚고 넘어갈 것이 있다. 영 분별의 은사란 귀신을 보는 능력이 아니라 무엇이 선하고 악한 것인지를 판단하는 능력을 말한다. 즉, 이 은사는 보는 것이 아니라 판별하는 것이다.

귀신을 본다는 사람은 많지만, 그 사람들에게 다 영 분별 은사가 있다고 말할 수는 없다. 내가 만났던 집사님은 귀신을 볼 뿐만 아니라 동시에 선한 것과 거짓된 것을 분별하는 영 분별 은사를 가진 분이었다.

셋째로, 그 일을 통해 나는 성령 하나님께서 하시는 일과 사탄이 하는 일의 차이를 분별하게 되었다.

그러므로 이제 그리스도 예수 안에 있는 자에게는 결코 정죄함이 없나니 이는 그리스도 예수 안에 있는 생명의 성령의 법이 죄와 사망의 법에서 너를 해방하였음이라 **롬** 8:1,2

하나님은 예수 그리스도 안에 있는 우리를 결코 정죄하지 않으신다. "너, 이러이러한 죄를 지었잖아!"라며 우리를 참소하시는 분이 아니다. 오히려 예수 그리스도의 피로 우리 죄를 덮어주시고, 회개한 죄에 대해서는 기억하지도 않으시는 분이다.

이를 위해 하나님은 그 아들 예수 그리스도를 보내셔서 우리의 죗값을 대신 치르게 하셨다. 우리가 그 예수님을 믿음으로, 최후의 심판 날에도 한 점 흠 없는 신부로 천국으로 들어가게 하신다.

누가 능히 하나님께서 택하신 자들을 고발하리요 의롭다 하신 이
는 하나님이시니 누가 정죄하리요 죽으실 뿐 아니라 다시 살아나
신 이는 그리스도 예수시니 그는 하나님 우편에 계신 자요 우리를
위하여 간구하시는 자시니라 **롬 8:33,34**

이와 달리 사탄은 참소의 영이요 고발하는 영이다. 심판의 날 우
리가 하나님 앞에 섰을 때 사탄은 우리가 지은 죄를 귀신같이 알고
귀신같이 고발할 것이다. 사탄은 우리를 그렇게 고발하고 싶어서 우
리를 죄짓도록 유혹하는 것이다.

따라서 혹시라도 주변에 예언사역자라고 하는 이들이 누군가의
죄를 들춰내어 고발하고 정죄하면서 사역자 자신을 숭배하도록 이
끈다면 우리는 그것이 하나님으로부터 온 것이 아님을 알고 분별할
수 있어야 한다.

성경적 예언사역은 '위로와 권면'이라는 말로 표현할 수 있다. 연
약함 중에 있는 성도를 하나님의 말씀, 즉 성경의 메시지로 위로할
뿐 아니라, 죄를 깨닫지 못하고 방황하는 영혼들을 하나님의 이름
으로 권면하여 예수 그리스도를 따르게 하는 사역이다.

그러나 예언하는 자는 사람에게 말하여 덕을 세우며 권면하며 위
로하는 것이요 **고전 14:3**

여기서 권면은 정죄와는 다른 차원의 것이다. 사탄의 정죄가 죄를 들추어내서 죄책감의 사슬에 매이게 한다면, 하나님의 권면은 우리가 죄를 깨닫지 못한 채 죄의 종노릇 하던 모습에서 돌이켜 예수님을 믿고 그 믿음으로 거룩하고도 자유로운 삶을 살도록 이끌어주신다.

나는 그때까지만 해도 방언의 은사를 받았을 뿐, 예언의 은사나 영 분별의 은사가 어떤 건지는 잘 몰랐다. 그런데 그와 같은 사건을 겪고 일련의 과정들을 지나는 동안, 성령님은 방언 통역, 지혜와 지식의 은사, 또 영 분별의 은사를 부어주셨다. 뒤에 가서 말하겠지만 나는 그것이 궁극적으로 예언의 은사를 주시기 위함이 아니었을까 생각한다.

예언은 교회의 덕을 세우는^{고전 14:4} 은사가 아닌가. 여기서 교회란 둘 이상의 그리스도인을 말한다. 내가 아닌 타인의 영혼을 세워 사람(공동체)을 유익하게 하는 은사가 바로 예언이다. 하나님께서 누군가에게 예언의 은사를 주신다면 바로 그와 같은 하나님의 뜻을 이루시기 위함이다.

하나님은 이를 위해, 지극히 자기중심적인 죄성을 지닌 나를 그냥 두지 않으시고 성령세례를 받았던 그날 이후 계속해서 다루어가셨다. 때를 따라 복을 주시며 위로도 하셨지만, 많은 경우는 고난의 골짜기를 지나게 하시며 '믿음'이 자라가기를 촉구하셨다. 믿음은 거의 고난 중에 자라나는 것이고, 우리는 믿음이 있어야 하나님의 기뻐하시는 뜻을 따라 살아갈 사람들이기 때문이다.

만약 그와 같은 하나님의 인도하심이 없었다면 나는 성령께서 주신 은사조차 결코 다른 사람의 유익을 위해서가 아니라 오직 나를 위해 사용하고 죄인 중의 괴수로 남았을 것이다.

영육 간의 치유와 변화

성령세례를 받은 후 내게 그런 미혹의 사건도 잠시 있었지만, 그 이후 내 영혼은 더 담대하고 강건해졌다. 그 일을 계기로 하나님의 말씀에 온전히 거하는 은혜를 주셨기 때문인지도 모르겠다.

내가 더 강건해졌다는 증거는 그때 이후로 밤길을 걸을 때 더 이상 무섭지 않았다는 것이다. 거짓 영이 존재한다는 걸 알았지만 그보다 더 크고 위대하신 하나님께서 나와 함께하신다는 사실을 몸과 마음과 영혼이 인식하고 체험하니 어두운 새벽길을 30분씩 걸어 교회로 갈 때도 마음이 늘 벅차올랐고 영혼은 충만했다.

임마누엘 하나님과의 동행이 깊어지면서 내 삶에 크고 작은 변화들도 나타났다. 무엇보다, 누가 시킨 것도 아닌데 나를 구원하신 하나님께 나 자신을 드리고 싶은 마음이 간절했다.

그러다 보니 헌금을 드리더라도 꼭 다리미로 다려서 깨끗해진 지폐로 헌금을 드렸다. 가난하게 자란 탓에 돈에 대한 욕심이 있었던 내가 그때부터는 새 지폐가 생겨도 주님께 드리고, 어떤 교회에 갔더니 건축을 한다길래 당시 내가 가진 돈의 전부를 털어 기쁨으로 드렸다.

하나님께서 내게 주실 수 있는 가장 좋은 것을 주셨다는[마 7:11] 게 믿어지니 나는 내가 가진 것 중에 조금이라도 좋은 것이 있다면 무조건 하나님께 드리고 싶었다.

또 하나의 변화는 병 고침이었다. 성령의 불세례를 받고 병이 나았다는 확신이 들었던 나는 어느 날 병원에 가서 검진을 받았는데, 의사가 내게 아무 이상도 없는데 왜 병원에 왔냐고 말했다. 검사 결과 내 몸에는 폐결핵의 흔적조차 없었다. 성령세례를 받을 때 병 고침도 함께 받은 것이었다.

육체의 변화와 함께 내면의 변화도 찾아왔다. 예수님을 만난 후 지나온 내 삶의 여정을 성령의 필터로 다시 보니, 이제는 나 자신이 저주스럽다고 느껴지지 않았다. 그때부터는 하나님께서 허락하신 내 부모님이 내게 저주가 아니라 축복이란 사실을 발견할 수 있었다.

아버지, 어머니에게 비록 믿음은 없었지만 두 분 덕에 내게는 좋은 것이 주어졌다. 나는 아버지의 감수성을 닮아 만물에 깃든 하나님의 영광과 충만을 풍성하게 누렸고, 어머니의 강인함을 닮아 영적 전쟁에서도 악한 것들과 담대히 맞서 겨룰 수 있었다.

내게 부모님의 영향으로 인한 상처의 쓴 뿌리가 전혀 없었다는 것은 아니다. 하지만 하나님께서 보시기에 아름답지 못한 것들은 말씀 안에서 잘라내고 다듬어 가면 얼마든지 빛을 발할 수 있다고 믿어졌다. 하나님을 사랑하는 자, 그 뜻대로 부르심을 입은 자들에게는 모든 것이 합력하여 선을 이룬다고[롬 8:28] 하지 않았던가.

하나님께서 아버지, 어머니를 통해 내게 주시려는 것들은 본래 선한 것이었지 결코 저주스러운 것들이 아니었다. 그렇다면 앞으로 예수님과의 동행을 통해 성령께서 그 선한 것들을 반드시 회복하게 해 주실 것이었다. 이런 믿음이 주어지면서 나는 모든 것에 대해 감사할 수 있었다.

무너졌던 자존감도 회복되기 시작했다. 비록 무속신앙이 뿌리 깊은 집안에 태어나고 아버지의 사업 실패로 가난한 환경에서 자랐지만 나는 본래 하나님의 형상으로 존귀하게 지음 받은 존재가 아닌가. 그러므로 하나님을 만난 내가 나의 있는 모습 그대로를 사랑하지 않는다면 그것은 하나님의 솜씨를 인정하지 않는 불신앙인과 다를 바 없을 터. 그때 이후로 나는 그런 생각들을 하며 나 자신을 사랑스럽게 보게 되었다.

그 후 나는 고향 부산을 떠나 중앙대학교 지역개발학과에 진학했다. 사실 하나님을 만난 기쁨이 너무 커서 대학에 들어가고 취업하는 등 일반 사회적인 활동을 하는 게 아무 의미가 없다고 생각했다. 오로지 말씀 보고 기도하는 사람으로만 살고 싶었다. 그러나 하나님의 더 깊은 뜻이 어디에 있을지 모르니 대학에 진학해 공부하며 길을 찾아보라는 언니의 권유에 그 문제를 놓고 수개월 동안 기도한 결과 "너는 너의 본토 친척 아비 집을 떠나 내가 네게 지시할 땅으로 가라"(창 12:1, 개역한글)라는 말씀을 받게 되었다.

우리 집 재정 형편이 어렵다 보니 그러고 나서도 아버지의 허락을 받고 집을 떠나 대학에 가기까지의 과정은 험난했다. 결국 아버지는 학비 외에는 재정 지원을 한 푼도 못 해준다는 조건으로 당신의 여섯째 딸을 경기도 안성에 있는 중앙대학교 제2캠퍼스로 보내주셨다.

그때를 돌아보면 하나님의 인도하심이 한 치의 오차도 없이 얼마나 절묘하신지 절로 감탄이 나온다. 부산을 떠나 객지에서 홀로 대학 생활을 하는 동안, 비록 육적인 배고픔은 겪어야 했어도 다디단 하나님 말씀의 은혜를 깊이 맛보았으며 이후 지금의 남편을 만나 태국 선교사로 파송까지 받았으니 말이다.

새벽기도회, 처음 나타난 은사

그렇게 나는 도래 친구들보다 2년 늦게 대학교에 입학했다. 바야흐로 1986년도였다. 대학에 들어가 보니 하나님께서 왜 나를 굳이 그곳까지 인도하셨는지 알 것 같았다. 하나님을 더 깊이 알게 하려 하심이었다.

당시 나는 입학하자마자 중앙대 기독학생회(CUSCM)라는 동아리에서 신앙생활을 했다. 마침 기독학생회에는 성령의 바람이 불고 있었다. 매일 아침기도회를 하고, 수요예배, 목요예배, 금요철야까지 드리는 그 공동체에는 성령의 나타나심을 따라 방언기도를 비롯해 각종 성령의 은사로 풍성하게 나타났다. 더욱 감사한 것은 당시 기독학생회 지도교수님들의 영적 분별력과 말씀의 지도 속에서 공동체에 임한 각종 은사가 질서 있고도 아름답게 사용되었다는 것이다.

내게도 성령의 나타나심을 따라 조금씩 색다른 일들이 생겨났다. 기도회를 하다가 어떤 사람을 붙들고 방언으로 기도하면 그 사람의 속에 있는 마음이랄까 생각이 읽히는 것이었다. 그들 속에 있는 고통이나 두려움, 수치심이나 기쁨 등의 상태가, 어떨 때는 그 이유까지도 구체적으로 읽혔다.

물론 그때 내가 알았던 건 상대방의 정보 중 극히 일부분이었다. 하나님께서 하나님의 필요를 따라 극히 일부분만을 보여주셨기 때문에 나는 부분적으로 알 뿐이었다.

우리는 부분적으로 알고 부분적으로 예언하니 고전 13:9

따라서 예언기도를 하는 사람이 당신에게 "자매님이 이러저러한 일들 때문에 마음이 무척 괴롭군요"라고 말한다고 해서, 평소에도 내 속을 다 알아버릴 것 같은 두려움에 그를 슬금슬금 피할 필요가 없다. 하나님은 위로나 권면의 메시지를 들려주시기 위해 당신의 어떤 정보를 은사자에게 잠깐 알게 하실 뿐, 그 외의 것들은 절대로 모르게 하신다. 구약의 엘리사 선지자조차 하나님께서 숨기시고 말씀하지 않으시면 모른다고 하지 않았던가.

하나님의 사람이 이르되 가만두라 그의 영혼이 괴로워하지마는 여

호와께서 내게 숨기시고 이르지 아니하셨도다 하니라 왕하 4:27

하물며 은사를 받았다는 사람들 역시, 예수 그리스도의 은혜가 아니면 똑같이 죄인에 불과한 한 사람이라는 것을 언제나 기억하길 바란다.

그렇다면 하나님은 왜 상대의 정보를 부분적이나마 은사자에게 알게 하실까? 나는 그것이 상대를 대신해서 성령의 탄식으로 기도하게 하려 하심이라고 생각했다. 그래서 기도 중에 상대방의 마음을 읽게 되면 말할 수 없는 탄식 가운데 그를 대신해서 하나님 앞에 기도하곤 했다.

그런데 시간이 지나 성령께서 예언의 은사를 드러내어 사용하실 때, 그 이유를 더 분명히 알 수 있었다. 상대에 대한 정보를 알아야 지식의 말씀을 따라 그에게 성령의 위로나 권면을 할 수 있기 때문이다. 어떤 것을 아는 정보가 주어질 때 하나님은 그로 인해 어떻게 행할지에 대한 지식의 말씀을 근거로 지혜도 알려주신다. 쉽게 말하면 그 정보가 그냥 알아진다는 것이다.

내게 그런 예언의 은사가 처음 주어지던 때는 대학 2학년 1학기 때였다. 2학년으로 올라가면서 나는 누가 시킨 것도 아닌데 신입생 전도 집회를 앞두고 한 친구와 함께 금식하며 기도하기 시작했다. 캠퍼스 생활을 함께하게 될 신입생들을 생각하니 그 영혼 구원에 대한 절박한 심정으로 이틀 동안 물 한 모금도 마시지 않고 기도하게 되었고, 그러자 사람이 까무러칠 정도로 모든 기력이 다 빠져나간 상태가 되었다.

나는 그 상태로 친구네 집에서 자고, 사흘째 되던 날 새벽에 새벽 기도를 하기 위해서 그 친구가 섬기는 안성의 어느 교회로 걸음을 옮겼다. 그런데 그곳에서 전혀 예기치 못한 일이 일어났다. 말씀을 듣고 개인 기도를 하는 시간에 성령께서 문득 나를 일으켜 세우셨다.

나는 눈을 감은 채 성령의 이끌림을 따라 생전 처음 보는 어떤 자매님 옆으로 갔고, 그 옆자리에 앉아 자매님 쪽을 향해 기도하기 시작했다. 먼저 방언이 터져 나왔고 뒤이어 한국어로 방언을 통변하는 식의 기도가 이어졌다. 내가 의도하지도 않았고, 생각해볼 수도 없었던 방식의 기도였다.

그 자매님은 남편에게 칼로 위협을 당하며 산 것 같았다. 남편의 위협이 너무나 무서워 엉겁결에 혼자 집을 뛰쳐나왔는데, 집에 두고 온 아이가 눈에 밟혀 눈물이 마르지 않고 있었다. 성령께서는 나를 통해 그 내용을 말씀하시며 자매의 마음을 위로하셨다. 하나님께서 함께하신다고, 슬퍼하지 말라는 말씀이셨다. 그러자 그 자매님이 목 놓아 울기 시작했다.

그런 후 이번에는 또 다른 형제님에게로 이끄셨다. 방언이 나오고 방언을 통변하는 식으로 기도가 이어졌다. "형제님이 하나님 앞에 기도한 것들에 대해 다 들으셨다고 하십니다. 그리고 그것을 하나님께서 다 이루신다고 하십니다"라고 전해드리고 나니 그 분이 감격스러

위하며 내 손을 꼬옥 잡쳐니 감사하다고 하셨다.

그날 나는 고린도전서 12장에 소개된 예언함의 은사를 처음으로 경험한 것이었다.

어떤 사람에게는 능력 행함을, 어떤 사람에게는 예언함을, 어떤 사람에게는 영들 분별함을, 다른 사람에게는 각종 방언 말함을, 어떤 사람에게는 방언들 통역함을 주시나니 이 모든 일은 같은 한 성령이 행하사 그의 뜻대로 각 사람에게 나누어 주시는 것이니라 고전 12:10,11

고린도전서에 나오는 이런 은사의 종류들을 보면서 어떤 이들은 이런 은사가 초대 교회 시절에 필요했던 은사이므로 지금 시대에는 나타나지 않는다고 말한다. 또한 어떤 이들은 "은사를 사용하지 않으면 소멸된다"라는 주장을 펼치기도 한다.

그러나 은사에 대한 관점은 전적으로 기록된 성경 말씀에 비추어 봐야 하는 게 맞을 것이다. 고린도전서 12장 말씀만 봐드 은사는 절대적으로 성령께서 주시는 것이고, 그분의 뜻을 따라 각 사람에게 나누어 주신다고 했다.

내 경우만 봐도, 내가 은사를 알지도 구하지도 않았을 때 각종 방언이 주어졌다. 더구나 나는 영어, 일어, 이탈리아어, 독일어, 중국어를 하지 못하거나 전혀 몰랐음에도 각종 외국어 방언을 했었다. 대학 시절 중국어과, 영어과, 일어과 선후배들과 함께 기도회를 했기 때문에 어느 형제는 방언 속 언어를 인지했다고 말했고, 나는 방언기도를 녹음해서 내가 하는 방언이 중국 어느 지방의 방언인지 알아본 적도 있었다.

또한 나는 대학 졸업 후 선교 사역을 하면서 한동안 이러한 기도 사역을 하지 못했음에도 불구하고, 수년 뒤에 다시 사역을 이어가게 되었다. 은사의 주어짐과 부으심에 대해서는 인간 편에서 정확한 공식을 말할 수 없다는 얘기다. 모든 은사, 즉 예수님의 선물은 전적으로 하나님의 뜻을 따라 각 사람에게 주어지고, 성령님에 의해 사용된다고 말할 수 있다.

하나님께서 주시는 고마운 선물과 부르심은 철회되지 않습니다.

롬 11:29, 새번역

여기서 염두에 두어야 할 중요한 진리는, 은사를 받은 사람은 반드시 주신 분의 뜻을 따라 은사를 사용해야 한다는 것이다. 은사는 전적으로 성령님이 쓰시고자 우리에게 선물로 주신 것이기 때문이다.

내게도 성령님이 쓰시려는 '어떤 뜻'을 따라 은사가 부어졌을 것이다. 그리고 그 모든 은사는 나를 예언함의 통로로 사용하셔서 사람을 견고히 세우려 하심이었을 것이다.

성경은 성령께서 예언의 은사를 주시는 이유와 목적을 다음과 같이 알려주고 있다.

방언을 말하는 자는 자기의 덕을 세우고 예언하는 자는 교회의 덕을 세우나니 고전 14:4

방언은 자기의 덕을 세우기 위해 주어지지만, 예언은 자기가 아니라 교회의 덕을 세우기 위해 주어진다는 것이다. 교회의 덕을 세운다는 것은 마치 건물을 튼튼하게 짓는 것과 같이 우리가 지어져 간다는 것이다.

그러므로 방언은 자기를 유익하게 하는 은사지만, 예언은 교회인 사람들, 혹은 교회 공동체를 세우기 위한 기도라 할 수 있다. 다시 말해 성령께서 누군가에게 예언의 은사를 주셨다면 그것은 교회 공동체나 사람들을 하나님의 말씀으로 유익하게 하시려는 뜻으로 볼 수 있다.

아직 날이 춥던 1987년 3월의 어느 새벽, 성령께서는 아직 결혼생활이 뭔지도 모르는 너게 오셔서 결혼생활로 고통받는 한 여인을 위로하기를 원하셨다. 고통받는 하나님의 자녀를 살리시려고, 겨자씨만한 믿음을 가진 나를 일으켜 그 여인에게 다가가 기도하게 하셨다.

이후로는 나를 평지가 아닌 험한 골짜기로 자주 이끌어가셨다. 때로는 험한 골짜기를 넘어 사망의 음침한 골짜기로 들어가게도 하셨다. 하나님은 왜 나를 자꾸만 그런 길로 이끌어가셨을까?

그 이유를 한마디로 정리할 수 없겠지만 로마서 12장 5절 말씀을 보다 보면 '예언'과 관련해 한 가지 이유를 발견할 수 있을 것 같다.

예언은 믿음의 정도에 맞게 해야 하므로, 예언의 통로가 되는 나의 믿음이 계속해서 자라야 했기 때문이다.

앞서 말한 대로 믿음의 성장은 혹독한 고난의 환경 속에서 이루어진다. 내게 오셔서 나를 살리신 성령님은 나 같은 사람을 통로로 사용하셔서라도 누군가를 반드시 살리시려는 생명의 영이시다.

하나님께서 우리에게 주신 은혜를 따라, 우리는 저마다 다른 신령한 선물을 가지고 있습니다. 가령, 그것이 예언이면 믿음의 정도에 맞게 예언할 것이요, 섬기는 일이면 섬기는 일에 힘써야 합니다. 또 가르치는 사람이면 가르치는 일에, 권면하는 사람이면 권면하는 일에 힘쓸 것이요, 나누어 주는 사람은 순수한 마음으로, 지도하는 사람은 열성으로, 자선을 베푸는 사람은 기쁜 마음으로 해야 합니다. 롬 12:6-8, 새번역

고난의 광야로 이끄시는 예수님

누구나 가야 하는 기나긴 과정

나는 성령세례를 받고 나서 사람이 한순간에 변할 수 있다는 사실에 참 많이 놀랐다. 믿음 없던 내게 믿음이 주어졌다는 게 이전과 다른 사람이 되었다는 명백한 증거였다. 이제 내 삶의 주인은 내가 아니라 예수님으로 바뀌었다! 나는 더 이상 불완전하고 불의한 내 생각이 아니라 완전하고도 의로우신 하나님의 말씀을 '듣고' 사는 사람으로 달라진 것이다.

나는 그게 너무 감사해서 대학 입학 후 우유배달 아르바이트를 하고 받은 돈으로 성경책부터 샀다. 몇만 원짜리 성경책을 사느라 그달에는 더 많은 날 동안 끼니를 굶어야 했지만, 하나님 말씀을 날마다 읽고 들을 수 있다는 사실에 배를 곯아도 배가 부른 신비를 경험했다. 믿음으로 살면 헤쳐나가지 못할 일이 없을 것 같았다.

그러나 대학을 졸업하고 사회생활을 하면서부터 그와 같은 순전하고도 비밀스러운 기쁨이 조금씩 사라져갔다. 복잡하고도 미묘한 이해관계로 얽힌 현실의 삶이 내 마음을 부대끼게 했다. 직선적이고도 단순한 내가 살기에는 인생길이 너무도 복잡한 미로처럼 다가왔다고 할까.

성령님이 오심으로 내 영혼이 한순간에 거듭났어도 세상살이에 반응하는 내 육신과 태도가 생각만큼 지혜롭거나 성숙하지 못해 나를 더 좌절하게 했다.

힘겹게 한 골짜기를 통과했는데 또 다른 골짜기를 다시 가야 하는 게 두려워 내 안에 숨어 있던 옛사람으로 방어하고 대처하다가 넘어지는 일들도 나타났다. 내가 과연 믿음이 있는 사람일까. 점점 스스로에 대해 절망감이 들었다.

왜 우리는 성령세례를 받고도 그와 같이 갈등하고 넘어지고 쓰러지는 시간을 보내야 할까? 나는 왜 그 후로도 오랫동안 광야의 시간을 보내야 했을까?

성경은 "시냇가에 심은 나무"시 1:3, "여호와께서 심으신 의의 나무"사 61:3와 같이 우리를 나무로 표현하기도 한다. 우리를 흑암의 권세에서 건져 하나님의 사랑의 아들의 나라로 옮겨골 1:13 심으신 일은 단박에 이루어진 은혜의 사건이 틀림없다.

하지만 그렇게 옮겨 심겼어도 거기서부터 새 가지를 내며 자라나기를 계속해야 하는 나무의 정체성만큼은 변하지 않는다. 오히려 그 때부터는 추위와 더위, 심지어 태풍까지도 견디며 자신의 새 뿌리를 생수의 근원이신 예수 그리스도께로 깊이 뻗어가야 한다. 그래야 그리스도의 장성한 분량이 충만한 데까지[엡 4:13] 자라, 새들이 와서 가지에 깃드는 하나님나라를 이룰 수 있다.

옮겨 심긴 나무가 그 후로도 오랫동안 비바람의 계절을 반복해서 보내야 하는 이유가 있다면 그와 같은 하나님의 기대 때문일 것이다. 앞서 말한 대로 믿음은 고난 중에 쑥쑥 자라는 법이니까. 바람 불어 흔들려야 나무뿌리는 땅속 더 깊게 뿌리를 뻗고, 그럴수록 가지도 자라서 철을 따라 열매를 맺으며 잎사귀가 마르지 않을 것이다.

하나님은 그렇게 자란 나무가 이웃에게 자기의 이파리며 열매까지도 아낌없이 주기를 바라신다. 결코 자기 자신만을 위한 나무가 되라고 성장의 축복을 내리시는 게 아니라는 뜻이다. 아낌없이 주는 나무로 자라는 것! 나는 그것이 하나님께서 구원받은 우리를 광야의 기나긴 시간으로 이끄시는 또 하나의 이유라고 믿는다.

본래 인간은 자기중심적이어서, 처절하게 넘어져서 깨어져보지 않으면 이웃에게서 들려오는 고통의 신음에 반응할 수가 없다. 물에 빠져 죽어가다 누군가의 도움으로 살아난 사람이 물에 빠져 죽어가는 사람을 살려내고픈 갈망을 갖게 된다. 그런 사람만이 네 이웃을 네 자신같이 사랑하라는[마 22:39] 말씀에 순종하여 열매도 나누고, 땀 흘리는 이웃을 위해 자신의 푸른 잎들로 그늘막도 쳐준다.

하나님은 그런 그림을 그리며 우리를 시냇가에 심으셨다. 그래서 성경에 나오는 믿음의 사람들이 한 명도 예외 없이 '과정'이라고도 부르고 '연단'이라고도 하며 더 나아가 '불시험'이라고도 일컫는 시간을 걸어가지 않았을까.

성령세례를 받고 스스로 믿음이 있다고 여겼던 나 역시도 영적인 유년기를 지나 사회생활과 결혼생활을 하면서 그와 같은 과정을 필연적으로 지나야 했다. 나는 그 후로도 한참 자라고 자라야 할 어린 감람나무였고, 깨지고 부서져 주님 손에서 다시 빚어져야 할 질그릇이었다.

다투고 또 다투고

대학 졸업 후 오랜 기다림 끝에 남편을 만나 늦은 나이에 결혼한 것은 하나님의 놀라우신 은혜였고 나의 오랜 기도에 대한 응답이었다. 그러나 짧은 신혼 뒤에 이어진 우리의 결혼생활을 말해주는 한 단어는 부끄럽게도 '다툼'이었다.

사역자의 필수 연단 코스라고 할 만한 경제적 궁핍이 이어지면서 내 마음에 자주 시험이 든 까닭이었다. 땅에 사는 우리가 실제적으로 겪는 '돈' 문제, 그로 인한 관계 문제들, 그리고 내 정체성의 흔들림까지, 나는 성도들이 결혼생활에서 겪는 전반적인 문제들을 겪고 또 겪으며 넘어지기를 반복했다.

물론 처음부터 땅의 것들에 내 마음이 흔들렸던 것은 아니다. 나는 이미 대학 생활을 하면서, 말세에는 사람들에게 사랑이 없어지고 재물을 쌓는^{약 5:3} 일이 나타난다는 말씀과 함께, 돈을 사랑함이 일만 악의 뿌리^{딤전 6:10}가 된다는 말씀을 두렵고 떨림으로 받아 나 자신을 부인하려는 믿음의 실천을 묵묵히 감당했었다.

생활비가 부족해 자주 배가 고팠지만, 내가 누군가에게 예언기도를 해주면 혹시 밥이라도 사줄까 싶은 유혹에 시달릴 때마다 오히려 사람들에게서 도망치는 방식으로 믿음을 지켜냈다. 하나님이 주신 은사를 혹시 돈을 위한 수단으로 삼을지 모른다는 두려움에서였다.

열심히 공부하여 받은 장학금도 학비가 없어 곤란에 빠진 어느 선배에게 내주는 데 주저하지 않았고, 대학 졸업 후 받은 첫 월급도 자원하여 하나님께 아낌없이 드렸다. 가난한 남편과 결혼해 비닐하우스 한켠에 임시숙소를 마련하여 상추와 오이를 뜯어 먹고 살 때도 나는 그저 감사하고 행복해했다.

하지만 아이를 낳은 후로 생활의 고충들 앞에서 반응하는 나의 양상이 달라졌다. 웬일인지 그때부터는 돈이 없으면 그저 '내가 굶으면 되니까'라는 식의 단순한 대처방식을 취할 수 없었다. 1999년 1월 3일에 일어난 일은, 그런 우리네 삶의 복잡성과 함께, 고난 속에 드러나는 나의 인간적인 실체를 그대로 보여주었다.

당시 남편은 해외선고사의 사명을 받고 신학교에 입학한 뒤, 중앙대학교 제2캠퍼스 대학교회에서 부교역자로 섬기고 있었다. 그날 교회에서 함께 신년예배를 드리고 집으로 돌아와 이제 4개월 된 딸아이에게 젖을 먹이려 할 때 남편이 무심코 툭 던진 말 한마디가 사건의 도화선이 되었다.

"나 내일부터 학생들 데리고 전도여행 가."

우리가 살던 동네는 안성의 시골 마을이라 시내로 가는 버스가 하루에 서너 차례밖에 다니지 않았다. 마을에는 변변한 가게도 없어서 장을 보려면 버스를 타고 읍내까지 나가야 했다. 아니면 우리 집에서 한 20분 넘게 걸어가야 그나마 조그만 동네 가게라도 만날 수 있었다.

자궁경부무력증(자궁 입구가 약해져 임신을 만삭까지 유지하지 못하고 임신 중기에 자궁경부가 저절로 열리는 상태)으로 5개월 동안 화장실도 혼자 못 가고 꼬박 침대에만 누워 지내는 오랜 입원 생활 끝에 어렵게 첫아이를 출산한 지 얼마 되지 않은 시점이었다.

남편의 도움 없이는 그 추운 겨울에 아이를 데리고 움직일 수조차 없던 때에 남편은 이렇다 할 상의나 예고도 없이 다음 날의 일정을 통보하듯 말하고 있었다.

"뭐라고? 그걸 왜 이제 얘기하는데?"

항상 사역을 우선시하는 남편에게 나는 불만을 표한 적이 없었다. 오히려 교회 일이 많으면 교회에서 자고 오라고 권하며 하나님께 충성되기를 기도했다. 그런데 그날은 남편의 소통 방식에 대해 참을 수 없이 화가 나면서, 남편과 함께하는 궁핍한 결혼생활이 견딜 수 없게 느껴졌다.

나와 같은 대학, 같은 교회에서 만난 남편은 결혼 전부터 자신의 미래를 얘기할 때마다 내가 동의하든 안 하든 상관없이 "나는 앞으로 자비량 선교사가 되어 비행기를 자주 타게 될 거야"라는 얘기를 계속했었다.

그런 남편의 말에 나는 상호 충분한 피드백도 없이 '음, 자비량 선교사가 되겠다는 건 사업가가 되겠다는 거로구나'라는 식으로 혼자 해석한 채 결혼식을 올렸다. 내심 결혼하면 적어도 경제적 궁핍은 면할 거라는 기대가 있었던 것이다.

그래서인지 남편이 결혼 당시 "신학교에 입학해 목사가 되는 수순을 밟아야 선교사로 파송받을 수 있다"라는 지인 목사님의 권유를 듣고 신학교에 들어가서 그 학비며 뒷바라지를 내가 오롯이 감당해야 했을 때는 어디 한 곳 기댈 곳도 없다는 생각에 사는 것이 버겁게 느껴졌다.

그 버거움 때문인지 생활의 고충이 깊어져 논쟁이 일어날 때마다 나는 핏대를 세우며 남편에게 소리쳤다.

"당신, 사업한다고 했었잖아! 돈 번다고 하지 않았어? 언제 목사가 된다고 한 적 있었어?"

그러면 남편은 조용하고도 온화한 음성으로 나를 타일렀다.

"내가 언제 사업을 한다고 했어? 자비량 선교사가 된다고 했지."

잔뜩 약이 오른 내 목소리와 달리 차분한 남편의 음성을 들으면 나는 더 발끈했다. "그 말이 그 말이잖…" 하고 항변하다 보면 끝내 말끝에 눈물을 닦아내기 일쑤였다.

모든 부부가 그렇겠지만 우리 부부는 많이 달랐다. 조금이 아니라 많이 달랐다. 틀린 게 아니라 서로 달랐다. 그래서 남편은 내 언어를 이해하지 못하고 나는 남편의 언어를 알아듣지 못했다.

남편의 말도, 내 말도 틀린 말이 아니었다. 다만 나는 내가 한 말은 지키는 편이라서 에둘러 말하지 못하고 말을 직선적으로 하는 사람일 뿐이었다. 완곡하게 돌려 말하는 남편의 말을 이해하지 못했고, 말의 이면에 깔려 있는 뜻도 잘 헤아리지 못했다. 이 다름이 중요한 결정을 해야 할 때마다 우리를 엄청나게 다투게 했다. 생판 남이었던 사람과의 결혼생활이 처음이라서 더더욱 그랬다.

내가 더 무력했던 것은, 결혼 후 성경의 질서를 따라 남편을 존중하지 않고 자꾸만 땅의 일을 생각하는 나의 눈물을 하나님께서 외면하시는 것 같아서였다. 전도사 사례비 40만 원으로 살아가는 막막한 현실 앞에서 '너는 뭘 보고 사는데? 너 믿음 없지?'라는 사탄의 조롱을 나는 지속적으로 받고 있었다. 믿음으로 살아보려고 발버둥을 칠 때마다 더욱 깊은 수렁으로 빠져드는 것 같았다.

남편을 만나기 전까지 수년 동안 직장생활을 하며 아끼고 모아뒀던 돈도 남편의 신학교 학비와 수개월 동안의 내 입원비로 다 쓴 터라 내 통장이 비워져 가는 만큼 내 믿음의 분량도 줄어드는 것 같았다.

견디다 못해, 꼭 있어야 하는 보험을 하나씩 깨서 재정의 부담감을 덜었지만, 내 믿음이 고작 통장 액수로 좌지우지되는 것만 같아서 나는 더 비참하고도 쓰라렸다. 하나님 한 분이면 충분하다고 고백하며 내가 가진 것까지 기꺼이 내주고 살던 나는 어디로 사라진 것일까.

그러면 문득문득 나의 이런 어렵고도 괴로운 마음을 헤아려주지 못한 채 사역에만 몰두하는 남편이 밉고 싫어졌다. 그날도 그렇게 참고 참았던 감정이 잔스리로 터져 나온 거였다.

"미리 좀 말해주면 안 돼? 이 겨울 날씨에 애랑 둘이 어떡하라고? 도대체 왜 날 데려다가 이 고생을 시키냐고!"

우리의 결혼은 서로가 좋아서 한 결혼이었다. 하나님의 섭리 속에 만나 분명한 인도하심을 받은 복된 결혼이었다. 그런데 감정이 격해지니 마치 내가 남편에게 납치라도 당해 결혼생활을 이어가는 사람인 양 말하고 있었다. 혼자 살았으면 얼마든지 행복했을 텐데, 남편 때문에 내가 이 고생을 하고 있다는 식의 항변을 온 집안에 쏟아냈다.

그런데 정확히 그 순간, 내 말소리를 집어삼키는 엄청난 굉음이 온 집안에, 아니 온 동네에 울려 퍼졌다.

쾅!!!!

보일러가 터졌다. 동시에 보일러실 유리창도 촤르르 깨지면서 아이를 안고 있던 내게로 쏟아졌다. 갑자기 일어난 상황에 놀란 나는 아이가 다칠세라 본능적으로 몸을 구푸려 아이를 보호하며 뒤를 돌아보았다. 부엌 옆에 놓인 기름보일러가 맹렬히 타고 있었다.

"빨리 아기 안고 바깥으로 나가!"

남편이 물동이와 젖은 이불을 손에 들고 다급히 외쳤다. 나는 옷을 껴입을 경황도 없이 아이를 포대기에 싸서 둘러업고 바깥으로 나갔다.

화마는 새로 장만한 신혼살림을 하나씩 집어삼키며 창문으로 시커먼 연기를 내뿜어댔다. 그새 누가 연락했는지 요란한 사이렌 소리와 함께 소방차가 도착했고, 남편의 양동이 물로 잡히지 않던 불길은 소방호스가 뿜어내는 거센 물줄기에 이내 축축한 연기를 흩날리며 잦아들었다. 불은 30여 분 동안 집 안을 다 태운 뒤에야 진화되었다.

다음 날, 전쟁터 같은 집으로 들어간 우리는 서로 아무 말도 할 수 없었다. 어제까지 사람이 살았던 곳이라 보기 어렵게 가재도구는 모두 불에 타 녹아버렸고 그나마 타지 않은 물건들은 물과 범벅이 된 기름때를 뒤집어쓰고 있었다.

오전 9시 무렵, 남편과 함께 전도여행을 가기로 한 학생들이 화재 소식을 듣고 달려와서는 힘을 모아 하루 종일 화재 현장을 정리했다. 나는 아이를 업은 채 쓸 만한 물건들을 챙기다가 다행히 불길을 피한 결혼식 앨범을 발견하고는 시커멓게 그을린 겉면을 열었다.

아…. 거기에 4월의 덕수궁 궁내에 핀 산수유꽃을 배경으로 환하게 웃는 신랑신부가 서 있었다. 갑자기 코끝이 찡해지며 눈물이 고였다. 하나님의 응답을 받고 기뻐하며 결혼한 지 이제 겨우 2년도 채 지나지 않은 때였다.

요 몇 주 전부터 보일러가 자꾸 문제를 일으켜서 집주인에게 알렸는데 아무런 소식이 없었다. 그런데 그게 왜 어제, 하필이면 내가 남편에게 소리 지르던 그 순간에 터진단 말인가!

'넌 맞아도 싸-!'

속으로 자책했다. 할 말 안 할 말을 구별 못 하는 어리석은 자가 바로 나였다. 눈물이 조용히 흘러내렸다.

내가 범사에 복종해야 할 한 사람

아이를 업고 가까운 교회로 달려갔다. 예배당 의자에 앉자마자 말씀이 떠올랐다.

아내들이여 자기 남편에게 복종하기를 주께 하듯 하라 이는 남편이 아내의 머리됨이 그리스도께서 교회의 머리됨과 같음이니 그가 바로 몸의 구주시니라 그러므로 교회가 그리스도에게 하듯 아내들도 범사에 자기 남편에게 복종할지니라 엡 5:22–24

성령께서 이 말씀으로 내 마음을 콕콕 찌르셨다. 그것이 전도여행 일정을 전날에야 전한 남편에게 아무 문제가 없다는 뜻은 아니었다. 그러나 남편에게 서운함을 토로하는 내 언어의 방식, 그 언어 속에 담긴 남편을 향한 내 태도에 심각한 문제가 있음을 알아야 한다는 뜻이었다. 성령의 책망에 나는 이내 눈물을 흘리며 고백했다.

"아버지 하나님! 남편에게 복종 안 하고 사사건건 이겨 먹으려고 한 것, 용서해주세요. 말씀대로 살지 않았어요. 제가 잘못했어요."

콧물이 쏙 빠지도록 엉엉 울며 하나님께 통회 자복하는 기도를 드렸다. 그러자 뜻밖에도 내 입에서 감사의 고백이 이어졌다. 뇌리에 콱 박혀서 잊히지 않을 경고의 메시지를 이렇게라도 들려주시는 하나님이시라니! 징계가 없으면 사생자[히 12:8]라고 하지 않았던가. 그러므로 징계가 있다는 것은 내가 이제 더는 하나님의 자녀로서 경거망동하며 살지 않도록 붙드시는 하나님의 사랑의 손길이 내게 머무신다는 뜻이었다.

이것을 깨닫고 감사를 고백하고 나니 하나님이 나의 머리로 세우신 남편에 대해 여러 생각을 하게 되었다. 내가 나를 그리스도 안에서 발견하듯, 남편이 누구인지 그리스도 안에서 발견해서 그리스도 안에서 진정 하나 되는 부부가 되고 싶었다.

내 남편 송영관 목사(당시 전도사)는 어떤 사람인가. 사람들은 그를 '송가이버'라 불렀다. 장비를 들고 교회당 곳곳 수리해야 할 곳을 찾아 뚝딱 고치는 데 선수였기 때문이다. 어려운 이들을 보면 자기 주머니를 털어서 몰래 도와주는 일에도 늘 주저함이 없었다.

나중에 시어머니에게 들으니 남편은 이미 중학생 시절 고향 미원에 있는 교회를 섬길 때부터 그랬다고 한다. 아직 믿음도 없고 그저 교회만 오갈 때였는데도 그 작은 교회에서 못과 망치를 들고 다니며 곳곳을 수리했고, 교회 전도사님의 궁핍한 사정을 안 뒤부터는 자신도 가난하면서 먹을거리를 준비해서 몰래 주방에 갖다 놓는 소년이었다.

그런 그가 예수님을 체험적으로 처음 알게 된 것은 중학교 2학년 무렵 열병을 앓으면서였다. 당시 남편은 불을 끈 어두운 방에 누워 심한 열로 혼자 끙끙 앓다가 갑자기 백열등이 켜진 듯 환한 빛으로 다가오신 예수님을 (환상 중에) 만났고, 이후로는 예배 시간마다 가족과 친척, 교회와 나라와 민족을 위해 죄를 자백하고 회개하면 눈물이 굵은 빗방울처럼 후드득 떨어졌다고 한다.

그러나 그런 영적 체험을 했어도 말씀의 가르침을 받지 못하면 하나님을 떠나게 되는 게 우리의 실상이다. 열병을 앓다가 예수님을 만나 뜨겁게 기도했던 일도 잠시, 남편은 그 뒤 사춘기 질풍노도의 시기에 서울로 전학하고 부모님의 이혼까지 겪으면서 교회를 떠나 아무런 꿈도 소망도 없는 청년이 되고 말았다.

그러다 방황하던 마음을 부여잡고 도망치듯 입대한 군대에서 일생일대의 전환기를 맞이했다. 그저 선임이 시키는 일만 하며 하루하루를 무의미하게 보내던 그에게 심각한 병고가 찾아온 것이다.

갑자기 한쪽 다리의 감각이 무뎌지면서 극심한 통증까지 겹치자 그에게 두려움이 밀려왔다. 의무대를 찾아 입원했을 때는 군의관으로부터 어쩌면 한쪽 다리를 못 쓰게 될지도 모른다는 청천벽력 같은 통보까지 받았다.

'내가 정말 한쪽 다리 불구로 의가사제대를 한다면? 그러면 누가 나를 돌봐주지?'

자신의 거취와 미래가 극도로 불안해지자 비로소 그동안 까맣게 잊고 지내던 예수님부터 떠올랐다고 한다. 절벽 끝에 서고 보니 우리가 만약 낭떠러지 아래로 떨어진다면 우리를 받아 살려주실 분이 하나님의 아들 예수님밖에 없음을 그 순간에 알아차렸던 것이다.

입원해 있는 동안 그는 날마다 교회로 걸음을 옮겨 예배를 드리며 흐느꼈다. 예수님을 의지하여 도와달라고 기도하기 시작했다. 그런데 그때부터 남편의 다리가 빠르게 회복되었고 불과 10여 일 후에는 자대로 다시 복귀할 수 있었다.

더 중요한 일들이 그 뒤로 계속 일어났다. 자대 복귀 후 곧바로 추운 겨울밤에 보초를 서던 날이었다. 그날 남편은 밤하늘에 떠 있는 별을 보다가 오열을 터뜨렸다. 갑자기 그 전 주일에 들었던 설교 말씀이 그의 가슴을 쳤기 때문이다.

우리가 아직 죄인 되었을 때에 그리스도께서 우리를 위하여 죽으심으로 하나님께서 우리에 대한 자기의 사랑을 확증하셨느니라 **롬** 5:8

내가 성령세례를 받기 전에 그랬듯이, 남편도 그날, 하나님을 떠나 살았던 날들에 대한 통한이 그렇게 밀려왔다고 한다.

'나를 그토록 사랑하신다는 하나님을 내가 너무 멀리 떠나온 것은

아닐까. 중학교 때 찾아오셨던 예수님을 나는 왜 멀리 떠나 살았던 것일까….’

그는 이 생각을 하느라 겨울바람에 살이 에이는 줄도 모른 채 울고 또 울었다. 그리고 어슴푸레 동이 터올 무렵, 평소 알고 지내던 한 장교를 찾아가 용기 내어 물었다.

“제가 다시 주님을 만나려면 어떻게 해야 할까요? 무얼 어떻게 해야 주님께로 다시 돌아갈 수 있을까요?”

말없이 듣고 있던 장교는 빙긋이 웃으며 입을 열었다.

“나랑 성경을 좀 배우지 않겠나?”

그날부터 남편의 손에는 성경 암송 카드가 들렸다. 코초를 설 때도 희미한 달빛 아래에서 시편 말씀이 기록된 카드를 비춰보며 중얼중얼 암송했다.

그러자 신기한 일이 벌어졌다. 말씀 구절구절이 뇌리에 박힐 때면 힘을 잃었던 그의 마음에 조금씩 생기가 들어갔다. 흡사 에스겔서 37장에서 마른 뼈가 살아나는 장면처럼, 믿음 없어 세상 살 소망이 아무것도 없던 사람에게 믿음이라는 근육이 붙으면서 살아갈 의욕과 소망이 넘쳐나기 시작했다. 죽어가던 그의 마음이 다시 살아난 것이다.

믿음은 생명의 말씀을 들음에서 나고, 믿음이 생기면 마음이 살아난다는 걸 남편은 군 시절에 그렇게 영육 간에 체험하게 되었다.

우리 만남은 우연이 아니었건만

남편은 이후 인생의 방향을 완전히 전환했다. 그때부터 자신의 영혼을 살려주신 주님께 빚진 마음 같은 게 생겼기 때문이다. 다시는 주님의 마음을 아프게 하고 싶지 않았다.

'어떻게 해야 하나님을 기쁘시게 하며 살 수 있을까?'

결국 남편은 자신의 삶을 하나님께 온전히 드리기로 결심하고, 군 마지막 휴가 때 서울의 한 선교단체를 찾아가 자신을 아프리카로 보내달라고 요청했다. 입대 전까지 원예육종학과에서 공부한 자신의 전공을 살려 가장 척박한 땅인 아프리카로 가서 식량 생산을 돕는 전문인 자비량 선교사로 살겠다는 것이었다.

그런데 뜻밖에도 선교단체에서는 이제 막 소명을 받아 가슴 뜨거운 이 청년에게 "대학을 졸업한 뒤에 다시 오면 받아주겠다"라는 말만을 들려주었다고 한다.

지금은 그때 선교단체의 결정이 옳았음을 전적으로 인정한다. 정말 선교사로 살려면 하나님께 자신을 드리겠다고 결단하는 순간을 지나 마음이 무르익는 과정을 충분히 보내야 한다는 걸 이제는 알기 때문이다.

하지만 그때만 해도 남편은 아직 영적으로 어릴 때라 학교를 졸업한 후 다시 오라는 선교단체의 제안을 이해할 수 없어 했다. 당장 주를 위해 살고 싶은 마음에, 대학에 복학해서 공부하는 일이 아무런 의미가 없다고 생각한 것이다.

남편은 고민 끝에 인천에 사시는 외삼촌을 찾아가 자문을 구했다. 남편의 외삼촌인 노동우 목사님은 남편에게 삶의 멘토 역할을 해주셨던 분으로, 인천 주안의원의 의사이기도 하다.

돈이 주는 위력을 일찌감치 아셨기에 돈에 마음을 두지 않기로 작정하고는 40여 년 동안 의사 생활로 번 수익을 다른 사람들에게 다 퍼주며 사는 분이셨다. 가난한 의사로 살기로 자처하셨지만, 진료받으러 오는 환자들에게 복음 전하는 것을 낙으로 여기며 사는 진정 부요한 분이셨다.

그런 외삼촌에게 진로를 상담한 남편은 기독서점을 은영해보라는 외삼촌의 제안에 따라, 이후 2년 동안 매일 찬양 소리를 들으며 신앙 서적과 성경을 읽는 즐거움을 누렸다. 금요일이면 철야 예배에도 참석하고 외삼촌과 함께 여러 집회에도 다니며 다양한 영적 경험도 할 수 있었다. 아마도 이 역시 말씀에 더 깊이 뿌리 내리게 하시려는 하나님의 계획 가운데 이루어진 선물 같은 시간이었으리라.

그러나 서점 운영도 곧잘 해서 수익이 나던 시점에 남편은 함께 서점을 운영하던 막내 외삼촌과 사소한 일들로 부딪치며 계속 갈등을 겪게 되었다. 온건하고 평화를 지향하는 성향상 그것이 못내 괴로웠던 남편은 결국 진로를 위한 기도를 다시 하게 되었고, 하나님은 서점에 안주하려던 남편에게 "다시 대학으로 돌아가라"라는 뜻밖의 응답을 주셨다.

1993년도에 남편이 학교에 재입학해서 캠퍼스 안에 있는 중앙대학교회를 섬기기까지는 그와 같은 과정이 있었다. 그때 나는 대학을 졸업하고 직장생활을 하며 집사로서 중앙대학교회를 섬기고 있었다. 결혼을 위해 배우자 기도를 시작하고 나서 얼마간의 시간이 지났을 무렵이었다.

하지만 그때만 해도 내가 보는 남편은 같은 교회를 섬기는, 전도의 열정이 가득한 후배일 뿐이었다. 실제로 남편은 다시 시작된 캠퍼스 생활을 덤으로 받은 시간이라 여기며 전도에 모든 열정을 불태우고 있었다.

전도를 위해 캠퍼스를 얼마나 열심히 돌아다녔던지 운동화 밑창이 다 닳아 없어져 3개월마다 운동화를 새로 사야 할 정도였다. 항상 웃으며 전도했기 때문에 당시 캠퍼스에서 그를 만났던 사람들은 이구동성으로 남편을 '스마일 맨'이라 불렀다. 전도의 기쁨이 그를 항상 웃게 한 것이다. 주님께 자신을 드리기로 했다면 그렇게 앞뒤 안 재고 기쁨으로 한 길을 가는 사람이었다.

선배로서 나는 그런 남편을 그저 흐뭇하지만 무심히 바라보다가 몇 년이 지난 어느 날 갑자기 남자로 느끼게 되었다. 남편도 마찬가지였다. 어느 날 갑자기, 그것도 동시에, 우리는 서로에게 설렘을 느끼며 결혼까지 이른 사람들이었다. 그게 너무 신기해서 우리는 신혼 초에 종종 하나님의 섭리에 대해 말하다가 까르르 웃으며 행복해했다.

그런데 그렇게 감사로 충만하던 모습은 어디로 사라지고 이토록 심각하게 삐걱거리고 있는 걸까. 문득 우리의 지나온 시간을 돌아보던 나는 서로 다르다는 이유로 다투고 또 다투다가 보일러 폭발 경고(?)까지 들은 나 자신이 또 한 번 부끄러워졌다. 성령께서 또다시 말씀을 새기게 하셨다.

> 이는 남편이 아내의 머리됨이 그리스도께서 교회의 머리됨과 같음이니 그가 바로 몸의 구주시니라 그러므로 교회가 그리스도에게 하듯 아내들도 범사에 자기 남편에게 복종할지니라 엡 5:23,24

아내인 나에게 이 말씀을 주셨다면 이 말씀 그대로 따르는 것이 나에게도 남편에게도 가장 복된 일일 것이다. 아내인 내가 남편에게 복종할 때 가정이 질서를 따라 견고히 세워지고, 서로를 향하신 하나님의 뜻도 아름답게 이루어질 테니….

이 생각을 하다 보니 남편이 장차 선교사로 살아갈 때도 아내인 나의 복종이 범사에 있어야 한다는 사실이 깨달아져 불현듯 자신감이 없어졌다. 정말 남편이 해외 오지로 나가자고 한다면? 그때도 내가 이 말씀에 순종해서 남편을 따라나설 수 있을까? 할 수만 있다면 선교사로 가는 것보다 가난해도 한국에서 살고 싶었다. 그래서 그저 눈물로 기도했다.

"하나님, 제게 말씀에 순종할 힘을 주세요."

그 명령을 지키는지 안 지키는지

그 뒤로도 우리는 딸아이가 다섯 살이 되던 해까지 서로 의견을 조율하느라 계속 투닥거렸다. '나를 이해해주겠지', '일일이 말하지 않아도 알아주겠지'라며 서로에게 기대하는 마음, 서로 잘 알지 못하는 이해 부족, 그리고 살아온 환경과 성격 차이에서 겪는 '서로 다름'의 온도 차가 주는 서운한 마음이 지속되던 시간이었다.

그러나 우리는 점차 그와 같은 투닥거림을 서로를 미워해서 싸우는 '부부싸움'이 아니라 '의견 조율'이라 불렀다. 겉으로는 돈 문제, 자녀 교육 문제 등이 원인이었지만 사실은 서로의 마음을 잘 알아주지 못해 생기는 갈등이었다.

이 의견 조율의 시간은 꽤나 오랫동안 지속되었는데 나는 그 시간을 우리를 향한 하나님의 테스트 기간으로 받아들였다. 마치 이스라엘 백성이 홍해를 건너는 기적을 맛보고도 기나긴 광야 생활을 하는 동안 테스트를 겪어야 했던 것처럼, 우리도 하나님의 훈련을 받고 있었다. 신명기에서는 그와 같은 하나님의 테스트 목적을 다음과 같이 알려준다.

네 하나님 여호와께서 이 사십 년 동안에 네게 광야 길을 걷게 하신 것을 기억하라 이는 너를 낮추시며 너를 시험하사 네 마음이 어떠한지 그 명령을 지키는지 지키지 않는지 알려 하심이라 신 8:2

하나님이 광야 길에서 우리를 낮추시며 시험하시는 목적은 분명하다. 그분의 말씀을 듣고 지키는 사람이 되게 하기 위해서다. 때로는 하나님의 말씀을 따르기 힘들어도, 말씀이 주어졌다면 그 말씀에 순종하기를 바라시며 광야 길을 걷게 하시는 분이 하나님이시다.

"여보, 이제 우리가 어디론가 떠나야 할 때가 온 거 같아."

2002년 월드컵으로 온 나라가 떠들썩하던 어느 날, 남편이 내게 선교지로 떠나야 할 때가 다가왔음을 조심스럽게 말했을 때 나는 이 사실을 떠올렸다. 내게 주신 그 말씀을 지켜야 할 때임을 직감했다.

아내들이여 자기 남편에게 복종하기를 주께 하듯 하라 엡 5:22

우리가 떠날 시기를 남편이 기도 중에 결정했다면 나는 당연히 남편을 따라 선교지로 가야 한다. 하나님께서 남편을 선교사로 부르셨다는데 내가 토를 달며 막아설 수는 없지 않은가.

그 시점에서 보니, 나에 대한 하나님의 부르심도 선교사라는 데 이의를 달 수 없었다. 나는 이미 성령세례를 받던 해에 나를 위해 기도해주시던 어떤 분으로부터 "자매님은 장차 선교사의 길을 가시겠네요. 그곳은 매우 어려운 곳입니다"라는 말을 들은 터였다.

그때는 선교사가 무얼 하는 사람인지도 몰랐고, 정말 내가 해외로 나갈 거라는 게 믿어지지 않았다. 하지만 대학 2학년 수련회에서 은혜를 받고는 복음을 듣지 못하는 영혼들에 대한 안타까움에 사로잡혀 "하나님, 하나님께서 부르시면 저는 선교사가 되겠습니다"라고 뜨겁게 기도한 적이 있었다.

방학을 맞아 집으로 내려갈 때면 기차에서도 항상 전도했고, 상계동에 사는 언니가 복음을 거부하자 '지옥에 가면 어쩌나' 싶은 마음에 언니가 사는 아파트를 바라보며 하염없이 눈물을 흘리며 기도하기도 부지기수였다.

성령세례를 받은 이후 지금까지도 한 영혼이 구원받아야 한다는 간절함만큼은 내 마음에서 사라진 적이 없다. 살아 계시는 하나님, 우리를 위해 죽으시고 부활하셔서 우리를 구원의 길로 인도하시는 예수님을 나는 전해야 했고 전하고 싶었다.

그렇다면 이제 떠나야 했다. 선교사가 뭘 해야 하는지 여전히 모를 때였지만 남편이 가야 할 때가 되었다고 결정했다면 나는 그 결정이 주님의 결정이라 믿고 따라나서야 했다.

그러나 떠날 준비를 하던 어느 날, 이번에도 남편이 던진 한마디 말에 또 한 번 큰 싸움이 터지고 말았다.

"여보, 내가 기도하면서 결정했는데 우리가 가지고 있는 모든 물질을 선교지에 다 드립시다."

자못 비장한 표정으로 말하는 남편으로 인해, 차곡차곡 떠날 준비를 하던 내 마음이 갑자기 격동되었다. 남편이 선교지에 다 드리자고 한 물질은 다름 아닌 내가 마지막 보루처럼 여기는 전세금이었기 때문이다.

대체 하나님이 왜 이러시는가 싶었다. 하나님은 내가 물질을 기대기보다 하나님만을 온전히 신뢰하기를 바라셔서 그러셨을까, 아니면 물질을 사랑하고 세상을 사랑하는 말세의 때에 세상 사람들과 온전히 구별되기를 원하셔서 남편을 통해 이런 말을 하시는 것일까.

나는 혼란스러운 마음에 고개를 저었다. 문득 남편의 믿음을 내가 강요받는 듯해 마음이 더 복잡해졌다. 나는 누군가로부터 강요받는다고 느낄 때 참을 수 없어 하며 반기를 드는 반항가적 기질을 가진 사람이었다.

갑자기 남편 손영관에 대한 서운함과 미움이 치밀어 오르며 인간 최문정의 모습도 드러나기 시작했다. 어려운 살림에도 시어머니 용돈을 챙겨드리고 남편의 학비와 생활비를 다 감당하며 독박육아를 한 나에게 이렇게까지 요구할 수 있나, 생각하니 손이 부르르 떨렸다.

지금 돌아보면 그때의 나는 마치 호르산을 출발해서 에돔 땅을 우회하려다가 길로 인해 마음이 상했던^{민 21:4} 이스라엘 백성과도 같았다.

선교지로 나갔다가 2017년도에 안식월을 맞아 총신대 평생대학원에서 성경지리학 강의를 들을 때, 이문범 목사님은 그 길의 지형을 설명하며 이스라엘 백성들이 왜 그토록 불평을 쏟아냈는지를 얘기해주셨다.

거기를 직접 가봤더니 그 길 어디에도 그늘 한 점 없어 가만히 있어도 뙤약볕에 타죽을 것만 같았다면서, 만약 자신도 이스라엘 백성과 같은 처지였다면 그곳에서 불평을 터뜨릴 수밖에 없었을 거라고 하셨다.

나는 그 설명을 들으며 '그러면 나는… 틀림없이 불뱀에게 물려 죽었겠구나!'라고 생각했다. 정말 그날의 내가 그와 같았다. 남편에게 마음이 상하니 불평이 저절로 터져 나왔고 급기야 불뱀에게 물려 죽으려고 작정한 사람처럼 행동했다.

"이런 식으로 할 거면 나랑 이혼하고 당신 혼자 선교지로 가!"

마음이 강퍅해진 나는 이혼까지 운운하며 남편에게 큰소리를 냈다. 내게 마지막으로 남은 전세금을 손에 꼭 쥐고 절대로 빼앗기지 않겠다는 태도였다.

이후 밤이 되어 각자 다른 방에서 생각에 잠긴 시간, 나는 지난달에 눈물로 떠나보낸 5개월 된 우리의 아이를 떠올렸다.

그래도 하나님 말씀이라면

자궁경부무력증으로 5개월 동안 입원한 끝에 어렵게 첫아이를 얻었던 나는, 그 후 둘째 아이를 임신했다가 곧바로 사산되는 아픔을 겪었다. 그래서 셋째 아이가 찾아왔을 때는 어떻게든 그 아이를 지켜내려고 임신 5개월 차에 접어들던 날 서둘러 입원해 수술대에 올랐다. 맥도날드 시술(유산의 위험과 조기분만을 예방하기 위해 자궁경부를 묶는 시술)을 받았고, 일주일간 꼼짝 못 하고 누워 지냈다.

그런데 이때 수발을 해줄 사람이 옆에 아무도 없다는 게 큰 문제였다. 이미 보험까지 다 없앤 뒤라 병원비도 부족해서 간병인은 엄두도 낼 수 없었다. 간병인이 없다는 건 불편함을 조금 더 감수하는 정도의 문제가 아니었다. 누군가의 도움 없이 혼자 무리해서 움직였다가 자칫 유산될 가능성을 불러오는 일이었다.

아니나 다를까, 의사 모르게 침대에서 일어나 혼자 화장실을 살금살금 다녔는데 그 부작용으로 갑자기 양수가 조금씩 새어 나오다가 급기야 손 쓸 수 없이 터져버렸다. 담당 간호사와 의사가 급히 달려왔다.

"환자분, 양수를 주입해야 태아가 숨을 쉴 수 있어요."

"선생님, 양수 주입하면 진통억제제도 맞아야 하나요?"

"네, 그래야 진통이 멈춰서 자궁이 열리지 않습니다."

"저는… 진통억제제를 맞을 수가 없어요."

양수 주입 후 이어서 진통억제제를 맞아야 한다는 의사의 말에 나는 스스로 모든 걸 포기해야 했다. 다른 산모들이 아무렇지도 않게 잘 맞는 진통억제제에 내게는 심장이 터질 듯 뛰어 숨을 쉬지 못하는 부작용이 따랐기 때문이었다.

첫 아이 때도 그 부작용 탓에 주사를 맞지 않은 채 고스란히 유산의 위험 상황을 기도로 버텼었다. 그때는 기적처럼 나도, 아이도 만삭 때까지 견뎌낼 수 있었는데 이번에는 임신 5개월밖에 안 된 상황에서 양수가 터져버렸다. 양수를 채워 넣고 진통억제제까지 맞아야 그나마 아이를 살릴 가능성이 보였다. 당연히 아이를 살리고 싶었다. 아이를 살리기 위해서라면 뭐든 하고 싶었다. 그러나 내 목숨까지 포기한다면….

이 상황에서 나는 병원 밖에서 나를 기다리는 첫째 아이를 떠올리지 않을 수 없었다. 진통억제제를 맞으면 당장은 태중의 아이를 살릴 수 있을지 모르지만 뒤이어 내가 잘못되고 아이도 잘못될 수 있었다. 그 짧은 순간, 이 냉엄한 현실에 대한 빠른 판단이 필요했다.

의사에게 진통억제제 투입에 대한 거부 의사를 밝히자 나는 곧바로 분만실로 옮겨졌고 분만 유도제를 투여받았다. 그리고는 차가운 이동 침대에 누인 채 나 혼자 불 꺼진 서늘한 수술실 입구에 내버려졌다. 아무도 없는 우주 어느 한 공간에 던져진 기분이었다. 그 참담하고 슬픈 심경을 뭐라 표현할 수 있을까.

"아버지 하나님!"

나지막하게 하나님을 부르는데 뜨거운 눈물이 볼을 타고 흘러내렸다.

"저는 육신으로는 아이를 잘 낳지 못합니다. 이 불쌍한 아이를 받아주시고, 선교지에서 영으로 많은 아이를 낳게 해주세요."

정말 간절히 기도했다. 그리고 곧 떠나보낼 생명에게 용서를 빌었다.

'아가야, 만약 네가 엄마 말을 알아들을 수 있다면 엄마를 용서해줘. 미안해. 끝까지 품어주지 못해 미안해. 우리 나중에 천국에서 꼭 만나자.'

그런 일을 겪은 지 한 달 만이었다. 그래서인지 나는 우리가 가진 돈의 전부라 할 수 있는 우리 집 전세금이 꼭 셋째 아이의 목숨값처럼 느껴졌다. 그때 내게 돈이 있어서 간병인을 썼다면 그 아이를 떠나보내지 않아도 되었을 거라는 부질없는 피해의식이 나를 괴롭혔다. 그런데도 남편은 지금 그런 고통까지 겪으며 남겨진 전세금을 선교지에 드리자고 하고 있었다.

한동안 아이를 떠올리며 가슴이 먹먹해졌지만 정신을 차리고 성경을 폈다. 과연 어떤 판단과 선택이 하나님의 뜻을 온전히 이룰 수 있는지 분명하게 판단하고 싶었다. 타의에 의해 드리는 헌금을 하나님께서 어떻게 보상해 주실까도 궁금했다. 말씀을 펴서 모세오경을 샅샅이 살폈다.

여호와께서 모세에게 말씀하여 이르시되 이스라엘 자손에게 말하여 이르라 만일 어떤 사람이 사람의 값을 여호와께 드리기로 분명히 서원하였으면 너는 그 값을 정할지니 … 만일 어떤 사람이 자기 집을 성별하여 여호와께 드리려 하면 제사장이 그 우열 간에 값을 정할지니 그 값은 제사장이 정한 대로 될 것이며 레 27:1,2,14

레위기 27장 딱 한 곳에만 서원예물 값으로 집을 드리는 방법에 관해 나와 있었다. 서원예물은 감사의 마음으로 즐겨내는 것이라는 데서, 어쩌면 하나님은 셋째 아이를 떠나보낸 자리에서 영적인 아이들을 간구하는 나의 기도를 서원기도로 보셨는지도 모르겠다는 생각이 들었다.

그러나 이내 고개를 저었다. 아니야 아니야…. 마음에 풀리지 않는 슬픔과 의문이 남아 있어서였다. 혼자 이런저런 생각을 하며 기도하다가 그대로 잠이 들었다.

하지만 그 후, 우리는 예정된 수순을 밟듯 선교지로 가기 위한 준비를 차곡차곡 해나가고 마무리했다. 전세금을 드리는 문제든 선교 훈련을 받는 문제든, 이번에도 나는 결국 남편의 결정을 따르기로 했기 때문이다.

수년 전 남편에게 대들다가 보일러가 터지는 일을 통해, 하나님께서 세우신 가정의 질서를 지키지 않고 남편 머리 꼭대기에 서서 말대꾸하는 것도 말씀을 지키지 않는 죄로 여겨 징계를 받았기에 나는 내게 주신 하나님의 말씀을 지키지 않을 수 없었다. 그 말씀만큼은 아내인 내가 지켜야 할 너무도 명백한 삶의 이정표였다.

아내들이여 자기 남편에게 복종하기를 주께 하듯 하라 엡 5:22

하나님께서 우리를 훈련하시던 그 광야에서 내가 이 말씀을 지키는지 지키지 않는지 불꽃 같은 눈으로 지켜보시는 것 같았다. 목적 지향적이며 앞서 행하는 지도자적 성향을 지닌 나의 기질만 봐도 범사에 남편에게 순종하라는 말씀을 지킨다는 건 불가능해 보였다.

그럼에도 성경은 나의 기질이나 환경, 우리의 처지를 핑계로 말씀과 정반대로 사는 것을 묵인하지 않는다. 우리를 다 아시는 전지(全知)하신 하나님은 오히려 구원받아 하나님께 속한 자는 하나님의 말씀을 듣는다(쉐마)고 못 박으신다.

> 하나님께 속한 자는 하나님의 말씀을 듣나니 너희가 듣지 아니함은 하나님께 속하지 아니하였음이로다 요 8:47

나는 결국 남편의 결정에 복종하기로 했다. 아내 된 자는 범사에 남편에게 복종하라는 하나님의 이 말씀도 지키지 않으면서 누군가에게 하나님의 말씀을 전할 수는 없는 노릇이었다.

그렇게 뜻을 정한 후 아직 선교사가 뭐 하는 사람인지도 모른 채, 선교지로 가면 여기보다는 넓은 집에서 살 거라는 남편의 말에 혹해서 3개월의 선교 훈련 과정에도 열심히 참여했다.

그리고 2003년 12월 22일. 짐 보따리 몇 개 달랑 들고 태국 선교지로 향했다. 남편과 다섯 살 난 외동딸 예나와 함께.

2
PART

자기를 깨뜨림으로
살아나라

누구든지

자기 십자가를 지고

나를 따르지 않는 자도

능히 내 제자가 되지 못하리라

눅 14:27

04

너 나와 같이 십자가에서 죽자

선교지에서의 가장 큰 문제 앞에서

선교지에서의 처음 두 해 동안, 우리는 난기류에 휩쓸린 듯한 시간을 보내야 했다. 그것은 낯선 태국어를 익히며 태국 사람들의 정서를 파악하고 전도의 접촉점을 찾아야 하는 어려움 때문만이 아니었다. 그보다 더 고통스러웠던 건 동역자들 간의 관계 문제였다.

우리가 모든 걸 포기하고 한국으로 돌아가기를 모의하는 사탄의 끝없는 계책 탓이었을까. 서로 협력해야 할 선교사들 간에 끊임없이 갈등이 터지고, 나는 그 사이에서 화살받이가 되어 날마다 휘청거려야 했다.

모든 걸 버리고 떠나온 선교지에서 왜 이런 일까지 겪어야 하는지 자괴감이 들었다. 그러나 다시 생각해보면 그런 일은 선교지에서뿐 아니라 그리스도인의 모든 일상에서 얼마든지 일어날 법한 일이었다.

외부 총질보다 무서운 내부 공격으로 인해 한 사람이 매장되는 듯한 일이 우리네 삶에서 흔히 일어나는 이유는 나를 포함한 모든 사람이 죄인이기 때문일 것이다.

한 영혼을 살리기 위해 떠난 선교지에서 그렇게 인간의 추한 죄성부터 직면해야 했다. 그때마다 나는 직선적인 성격대로 반응하곤 했는데, 그러면 이상하게도 내가 왜곡된 상황 속에 놓여 손가락질을 받았다. 사태를 바로잡으려 사방으로 뛰어다니며 애를 써도 그럴수록 문제는 더 답답하게 꼬여갔다.

본격적인 사역을 시작하기도 전에 일어나는 그러한 갈등으로 선교사로서의 나의 정체성이 뿌리째 흔들리는 것 같았다. 아름답게 헌신하는 듯한 인간의 긍정적 앞모습 뒤에 감추어진, 자기 잇속을 챙기며 남을 모함하는 뒷모습의 부정적 측면들이 그리스도인들의 세계에서도 예외 없이 나타난다는 사실이 참담하게 다가왔다.

그렇다고 해서 그와 같은 인간의 추악한 자기중심성에서 나라고 제외된다는 말은 아니다. 어쩌면 그 피비린내 나는 현실에서 누군가의 진정성을 운운하며 분노하고 탈진하는 내 모습 자체가, 대학생 시절에 제자훈련을 받으며 그토록 가슴에 새겼던 십자가에서의 '자기부인'^{마 16:24}이 내게 이루어지지 않았다는 증거였다.

결국 나는 오해받는 나 자신을 항변하려고 발버둥 치다가 내 사정이 어떤 사람에게도 이해받지 못함을 깨닫고는 깊은 허무감과 침체의 늪에 빠져들어 갔다. 나중에는 아무것도 해결할 수 없다는 무력감에 짓눌려 삶의 끈을 놓고 싶다는 생각마저 들었다. 극심한 스트레스가 뇌를 지배하면서 삶의 고통을 인위적으로라도 끝내버리고 싶은 유혹이 찾아든 것이다.

남편이 하나님께 20년을 서원한 선교사 사역. 우리는 과연 완주할 수 있을까? 처음부터 내게는 의문이었다.

마침내 들어야 할 그 말씀

그날도 그랬다. 로뎀나무 아래 엘리야처럼 마음 한켠에서부터 끊임없이 주를 향해 '차라리 죽기를 원하나이다'라는 탄식이 나오던 무렵이었다. 그럼에도 나는 여느 때처럼 말씀을 듣고자 성경을 폈다. "죄가 너를 원하나 너는 죄를 다스릴지니라"^{창 4:7}라는 말씀에 순종하기 위해서였다.

내 마음이 원하는 대로 하고 싶은 죄를 다스릴 수 있는 유일한 길인 말씀 앞에 엎드렸다는 자체가 하나님의 은혜였다. 고단하고 지친 마음을 안은 채 성경을 펴서 쭉 읽어가던 나의 눈길이 갑자기 한 구절에서 딱 멈춰 섰다.

이에 예수의 얼굴에 침 뱉으며 주먹으로 치고 어떤 사람은 손바닥으로 때리며 마 26:67

그날따라 묵상한 본문은 주님께서 사람으로부터 가장 치 떨리는 모멸감과 수치를 받으시는 장면이었다. 사람을 지으신 하나님이 사람을 구하기 위해 오셨는데 피조물인 인간들로부터 침 뱉음을 당하시다니….

그럼에도 우리를 위해 끝까지 십자가를 저버리지 않으신 예수님을 생각하니 내 속에서 부끄러움이 일었다. 십자가를 지기까지 그분이 겪으신 고초와 고통에 비하면 내가 겪는 마음고생은 아무것도 아닌데 나는 왜 이토록 분노와 수치심에 묶여 절절매는 것일까. 도대체 내게 믿음이라는 게 있는 걸까.

이런 자책감 속에서 울며 기도를 이어가는데 갑자기 주님의 부드럽고도 단호한 음성이 들렸다.

너 나와 같이 십자가에서 죽자.

순간적으로 흠칫 놀랐다. 기도 가운데 들려온 그 음성에 나는 두려웠지만 눈물을 닦으며 '네, 제가 그렇게 하겠습니다'라고 반사적으로 성령께 동의했다.

주님께서 매달리신 십자가에서 나도 같이 죽는다는 것, 그것은 나를 포기하는 일이다. 나를 내려놓는 일이고 내 생각과 내 뜻을 접는 일이다. 지금 주님께서는 선교지의 복잡한 상황에 갇혀 모든 걸 회피하고 싶어 하는 내게 '십자가 죽음'을 말씀하고 계셨다. 십자가에서 주님과 같이 죽어야 살 수 있다는[마 16:25] 말씀이었다.

그러나 한순간에 목숨을 끊는 건 간단할지 몰라도, 자기를 부인하며 십자가에서 죽는 삶을 살아낸다는 것은 결코 간단한 일이 아니다. 내가 나를 포기하는 자기부인의 삶을 살아낸다고 해서 현실의 상황이 변할지도 의문이었다.

무엇보다 지금도 그통스러운데 거기서 더 나아가 십자가에서 죽는 삶을 살아내라고? 나는 도저히 그 고통을 감당할 재간이 없을 것 같았다. 그래서 이내 '그렇게는 못하겠습니다'라는 마음을 담아 외람된 고백을 했다.

"주님은 하나님이셨잖아요!"

예수님은 100퍼센트 하나님이시지만 동시에 100퍼센트 인간이셨다. 그래서 십자가 형벌의 고통도 인간의 감각을 가지고 오롯이 견디셔야 했다. 아니, 오스왈드 챔버스가 말한 대로 그 고통은 '인자 안에서 친히 당하시는 하나님의 고통'이었다.

인간의 차원으로는 헤아릴 수 없는 고통, 그것이 예수님이 겪으신 고통이다. 성육신하신 하나님, 그분이 바로 예수님이 아니신가. 온 우주를 지으신 성자 하나님이 인간 안에 갇히신 채 당하는 고통을 우리가 어떻게 헤아릴 수 있을까.

그런데도 당시의 나는 예수님이 마치 신적인 능력을 발휘해 십자가 죽음도 감당할 수 있으셨던 것처럼 말하고 있었다. 결국 "너 나와 같이 십자가에서 죽자"라는 요청에 대한 거절의 의사 표시였다.

그러자 정확히 3일 후, 주님은 다시 그분의 음성으로 나를 찾아오셨다. 말씀에 순종하지 못하는 나를 충분히 야단치실 만도 한데 성령님은 여전히 동일하게 부드러운 목소리로, 그러나 단호하게 말씀하셨다.

그러면 요셉을 보아라.

나는 들려주신 음성을 따라 창세기를 펴서 기도하며 말씀을 읽어 내려갔다. 하나님께서 요셉을 통해 내게 무얼 말씀하려 하시는지 정말 알고 싶었다.

요셉의 여정을 따라가다 보니, 요셉은 단지 자신이 꾼 꿈을 형들에게 말했을 뿐인데 그 말을 들은 형들이 요셉을 시기하고 미워하다가 노예 상인에게 팔아버렸다는 사실이 제일 먼저 눈에 들어왔다. 그 부분을 좀 더 관찰하면 사람들 관계에서 발생하는 정신역동이 어떠한 갈등상태를 만드는지 알 수 있을 것 같았다.

요셉의 가족관계는 그 자체가 인간 군상의 죄 된 모습을 비춰주고 있었다. 네 명의 여자가 한 남편을 차지하고자 서로를 속이고 속는 관계 속에서 태동된 가족이 요셉의 가족 아닌가. 요셉의 형제들은 이런 갈등구조 속에 태어나 자란 탓에 무언가를 쟁취하기 위해 끊임없이 남을 경계하고 의심하고 경쟁하며 끼리끼리 모이는 왜곡된 모습을 보인다.

거기에서 내가 무엇을 봐야 하는지 하나님께 계속 여쭈며 기도했다. 그러자 단지 자신기 꾼 꿈에 대해 말한 요셉의 순진무구한 말과 행동이 그와 같은 형들의 죄성을 촉발하는 계기가 되었다는 사실이 포착되었다.

'그러면 나도… 사람들과의 관계 속에서 나타나는 미숙한 행동과 말실수를 고쳐야 하지 않을까?'

사람들로 인해 괴롭고 아프다고 호소하던 내가 요셉을 통해 나의 문제, 즉 나를 고치는 일어 초점을 맞추려 하게 된 것은 말씀의 진정한 위력이었다. 그 시점에서 보니, 아무리 생각해도 내게는 나를 힘들게 하는 사람들의 성각과 행동을 교정해줄 만한 그 어떤 힘과 능력도 없었다. 그렇다면 내가 해야 할 일은 남을 고치는 일이 아니라 나를 고치는 일일 것이다!

계속해서 말씀을 읽어 내려가던 나는 다시 창세기 39장 2절에서 멈추어 말씀을 묵상했다.

여호와께서 요셉과 함께하시므로 그가 형통한 자가 되어 그의 주인 애굽 사람 집에 있으니

여호와께서 요셉과 함께하신다는 말씀을 읽는데 눈물이 주르륵 흘러내렸다. 요셉이 하나님을 붙든 게 아니고 이미 하나님께서 요셉과 함께하셨다니…. 이것은 하나님이 요셉을 붙드셨다는 뜻이다.

요셉은 현재 처한 어려운 상황에 대해 원망하고 불평하며 다른 사람을 탓할 수도 있었다. 그러나 성경 어느 구절을 찾아봐도 요셉이 불평했거나 막 산 흔적을 발견할 수 없었다.

더구나 요셉은 지금 보디발 집의 노예 신세다. 사람의 눈으로 볼 때 그런 요셉의 삶은 도저히 '형통'이라는 단어와 연결 지을 수 없어 보인다. 그럼에도 성경은 그와 같은 요셉의 삶에 하나님께서 함께하시므로 요셉이 형통했다고 기록한다. 형들로부터 받은 배신의 고통도, 노예로 사는 삶의 고난도 하나님의 함께하심으로 요셉이 능히 이겨 나가게 하셨다는 뜻이리라.

그런 요셉에 비해 나는 어떤지 진지하게 돌아보았다. 단순히 선배 선교사의 말을 믿고 따랐던 나의 말과 행동의 결과로 고립의 섬에 갇힌 채 마음이 만신창이가 된 내 모습이 보였다.

사람들에게 죽은 개와 같은 취급을 당하는 동안 자존감이 바닥을 치면서 원수 갚고 싶어 치를 떠는 내 모습도 보였다. 누군가가 나를 알아주는 게 필요했지만 아무도 내 속사정을 알아주지 않는 현실에 어디론가 도망쳐버리고 싶다고 생각하는 내가 보였다.

나는 다시 창세기 39장 말씀을 펴고 주님의 음성에 귀 기울였다. 요셉이 보디발의 아내로부터 끈질긴 죄의 유혹을 받다가 이렇듯 단호하게 말하며 그녀를 두고 도망치는 장면이다.

이 집에는 나보다 큰 이가 없으며 주인이 아무것도 내게 금하지 아

니하였어도 금한 것은 당신뿐이니 당신은 그의 아내임이라 그런즉
내가 어찌 이 큰 악을 행하여 하나님께 죄를 지으리이까 창 39:9

이 부분을 읽다가 눈이 번쩍 뜨였다. 하나님께서 왜 내게 요셉을
보라 하셨는지 비로소 알 것 같았다. 하나님께서 내게 들려주고 싶으
셨던 말씀은 이것이었다.

"그런즉 내가 어찌 이 큰 악을 행하여 하나님께 죄를 지으리이까."

죄를 짓자고 도발해오는 사람을 향해 내가 해야 하는 단 하나의
말과 행동은 하나님께 죄를 짓지 않는 일이었다!

평소 수없이 읽었던 성경 본문이지만 그날에야 나는 이 본문을 통
해 하나님께서 내게 주시는 메시지를 분명하게 깨달았다. 죄의 순환
을 끊으라는 것이었다. 그것이 주님께서 말씀하신 십자가에서 나도
주님과 같이 죽는 일이었다!

말씀을 읽다가 이 사실이 깨달아지자 갑자기 진리를 아는 기쁨이
물밀듯 밀려왔다. 목마름으로 타들어 가던 오랜 갈증이 촉촉이 해
갈된 심정이었다. 하나님을 만난다는 건 바로 이런 것임을 그 순간에
다시 확인할 수 있었다.

하나님을 그렇게 만나고 나니, 그때부터는 "너 나와 같이 십자가
에서 죽자" 하신 주님의 음성에 진심으로 순복할 수 있었다. 순복한
다는 것은 더 이상 이 왜곡된 상황을 묵상하며 낙심하지 않는 일이
다. 나의 억울한 마음을 허결하고자 지인들에게 상대방에 대해 정죄

하는 말을 하고 싶은 것을 삼가고, 오해받을 때도 입을 굳게 다무는 일이다. 그리고 저주처럼 보이는 고통스런 삶의 길을 그대로 받아들이고 선교사로서 이 길을 묵묵히 가는 것까지 나는 순종해야 했다. 그것이 성경에서 말씀하는 '자기 십자가를 지고 주님을 따르는 자기 부인'의 길이었다.

사람과의 약속과 신의를 지키고, 하지 말아야 할 것을 분별했던 요셉이 이 사건 이후에 오히려 감옥에 갇히게 된 일은 그가 그렇게 묵묵히 갔던 십자가의 길을 잘 보여준다.

하나님은 우리가 어떤 상황에 처했든지, 혹은 누구의 잘못 때문에 시작된 일이었든지 상관없이, 우리가 상대방을 정죄하거나 앙갚음하는 데 몰두하지 않기를 원하신다. 그 모든 일을 주님께 맡기라 하시며, 우리에게는 그저 요셉처럼 주님이 가라 하신 십자가의 길을 갈 것을 촉구하신다.

그날 나는 여전히 고통스러운 상황 속에서도 하나님의 말씀을 들음으로써 살아날 수 있었다. 하나님은 우리가 이런 상황을 어떻게 이겨내야 하는지 이미 성경을 통해, 요셉의 삶을 통해 구체적이고도 확실하게 알려주셨다.

그래서 나는 내 마음에 새겨주신 말씀 구절에 내 이름을 넣어서 힘들 때마다 믿음의 선포를 했다. 이 선포는 그 후 중요한 길목마다 내 삶의 중요한 지침이 되었다.

"여호와께서 문정이와 함께하시므로 문정이가 형통한 자가 되어

이곳 치앙마이에 있다!" ^{창 39:2}

"문정이가 어찌 이 큰 악을 행하여 하나님께 죄를 지으리이까!" ^{창 39:9}

고난 중에 확인한 브르심을 따라

선교지에서 죽어가던 내 영혼은 하나님 말씀의 능력으로 다시 살아났다. 말씀은 역시 진정한 생명이어서, 하나님의 말씀을 들음으로 나는 진정 살아날 수 있었다.

그렇다고 해서 이 일 후에 현실적인 갈등이 금세 사라진 것은 아니다. 오히려 갈등 상황은 더욱 커져서 어느 날인가 더는 선교 사역을 지속할 수 없는 지경에 이르고 말았다. 우리와 사역 방향이 다르다는 이유로 한 선배 선교사가 우리의 선교사 비자를 철회한 것이다. 우리는 선교사로서 사형선고를 당한 셈이었다.

그러나 이때는 이미 "십자가에서 나와 같이 죽자" 하신 주님의 음성을 들은 이후였다. 덕분에 나는 이 모든 일도 주님의 주권 가운데 이루어졌음을 선포하며 인내로 반응할 수 있었다. 딸아이를 등교시킨 뒤 바닥에 엎드려 1시간이고 2시간이고 기도하며 담대히 하나님의 뜻부터 구했다.

"하나님, 지금 비자가 없어져서 더 이상 선교사로 치앙마이에 있을 수가 없어요. 만약 하나님께서 저를 이곳으로 부르신 게 맞다면 저희에게 선교사 비자를 주세요."

막상 비자가 없어지자 나는 이 일을 통해 내가 태국 치앙마이로 온 것이 단지 남편을 따라 수동적인 걸음을 한 것인지, 아니면 하나님의 부르심인지를 확인해야겠다는 생각부터 들었다.

다른 비자도 아니고, 일정한 조건이 충족되지 않는 한 기독교단체에 할당이 제한된 선교사 비자를 다시 발급받는 것은 불가능에 가까웠다. 그래서 더욱 담대히 '기드온의 양털기도'^{삿 6:37}를 드렸다. 나를 선교사로 부르신 게 확실한 하나님의 뜻이라면 그 불가능을 가능케 해주실 거라는 믿음으로 기도했다.

놀랍게도 비자 발급은 신속히 이루어졌다. 그 과정을 여기에 구체적으로 다 기술할 수는 없지만, 하나님은 우연처럼 보이는 만남을 통해 우리에게 선교사 비자를 지체 없이 보내주셨다.

'아! 하나님, 제가 남편을 따라서 치앙마이에 온 게 아니었군요. 이제 하나님의 뜻을 알았으니 힘을 다하여 청소년들을 전도하는 자로 살겠습니다. 뒤돌아보지 않겠습니다.'

그동안 내 마음 한켠에는 늘 남편을 위해, 남편을 따라 선교지로 왔다는 생각이 남아 있었다. 그 때문에 나는 남편이 요구하는 사역만을 마지못해서 하는 수동적인 선교사로 살았고, 할 수만 있다면 남들 눈에도 띄고 싶지 않았다.

그런데 이 비자 사건을 통해 하나님께 "내가 너를 하나님나라를 전파하는 동역자로 삼았다. 내가 이곳으로 너를 불렀다"라는 확인 메시지를 받았으니, 그때부터는 그전과 다른 자세로 살 수밖에 없었다.

'나는 하나님께서 부르신 선교사다. 그러니 하나님께서 내게 요구하시는 일이라면 무엇이든 충성스럽게 감당한다.'

이 마음을 굳게 한 이후 나는 부름받은 선교사로서 적극적인 삶을 살기 시작해, 이름 없이 빛도 없이 눈에 보이지 않는 일들에 헌신하라는 요청에도 기꺼이 참여할 수 있었다.

돌아보니 정말 내가 겪은 고난이나 비자 철회 및 신규 발급 사건까지도 하나님의 주권 가운데 일어난 것이 틀림없었다. 하나님을 사랑하는 자 곧 그 뜻대로 부르심을 입은 자들에게는 모든 것이 합력하여 선을 이룬다는^{롬 8:28} 말씀이 내게 그대로 이루어지고 있었으므로.

만찬을 베푸시는 하나님

때를 같이하여 태국에서는 한류 바람이 불었다. 한국 가수 동방신기가 인기를 끌더니 2005년도에는 한국 드라마 〈대장금〉 열풍으로 드라마 방영 시간에는 터국 거리가 한산할 정도였다.

우리 부부는 청년 시절 부흥을 경험해서인지 힘들 때마다 치앙마이대학교 캠퍼스를 방문하곤 했는데, 대학생들을 보면 심장이 마구 잡이로 뛰곤 했다. 한류 바람과 접목해서 태국 청년들에게 복음을 전할 길이 없을까 고심하며 이를 위해 한마음으로 기도하면서 기다렸다.

그러던 2007년 1월, 남편이 비전트립을 온 한 형제의 부탁으로 언어연수 과정을 알아봐 주러 치앙마이대학교 어학원을 방문했다가 깜짝 놀랄 일이 생겼다. 때마침 그 시간에 사무실에 있던 어학원장이 남편을 보고 태국말을 하는 한국인인 것을 알아차리고는 치앙마이대학교 어학원에서 한국어를 가르쳐달라고 제안해온 것이다.

대학 측에서도 한류 바람을 타고 한국어 과정을 개설하려고 논의하던 차에 우연처럼 남편이 어학원에 들어온 셈이다. 인간의 눈으로 보면 우연히 일어난 일이었지만, 어디로 가야 하는지 길을 인도해달라는 우리의 기도 소리를 들으신 하나님께서 하나님의 시간에 정확하게 만남을 이루셨다고밖에는 볼 수 없었다.

그 후 일은 하나님의 뜻을 따라 형통하게 진행되었다. 치앙마이대학교 어학원에 한국어 과정이 최초로 개설되었고, 5월부터 남편은 한국어 교수로 수업을 시작했다.

처음 시작은 미미했다. 대학교수 2명, 공무원 1명, 회사원 2명, 대학원생 1명, 총 여섯 명이 수업을 들으러 왔다. 남편은 그 여섯 명을 데리고 총 40시간 동안 한국어를 성심껏 가르쳤다. 그리고 40시간 과정이 끝나갈 무렵 우리는 치앙마이대학교 정문 근처로 이사했는데, 그들을 우리 집으로 초대해 한국어를 가르치고 함께 음식을 나누며 태국 사람들의 성향을 파악해 갔다.

이후 태국에서 한류 열풍은 더욱 활기를 띠었고, 우리가 맡은 한국어 수업도 계속해서 늘어났으며 학생 수도 점점 많아졌다. 이에 우리는 초급, 중급 과정의 40시간 코스가 끝날 때마다 마지막 날에

학생들을 우리 집으로 초대해 한국 음식을 나누고 한국 문화 체험도 하게 했다.

한국어 수업이 인기를 끌면서 대학교 수업과 별도로 우리 집에서도 수요일마다 한국어 교실을 열기로 했다. 이를 위해 우리 집을 '반조이'(기쁨의 집)라 칭하고는 간판도 예쁘게 내걸었다. 그때부터 우리 집은 매주 수요일마다 한국어를 배우러 오는 학생들로 북적였다.

이때 우리는 학생들의 마음을 여는 데 음식만큼 좋은 수단이 없다는 걸 알고 금요일마다 전도 모임의 일환으로 '한국의 날'을 열어 한국 음식을 나누어 먹기로 했다. 내가 날이면 날마다 '밥하는 아줌마'가 된 것은 그때부터였다.

특히나 금요일이 되면 7평 작은 거실에 모이는 청년들에게 50인분의 음식을 만들어 대접하려고 온종일 팔을 걷어붙였다. 태국인들이 거부감 없이 먹을 수 있도록 태국 음식과 비슷한 맛을 내는 김밥이나 비빔밥, 제육볶음, 떡볶이 등을 만들어 대접했다. 이를 위해 한국에 나갈 때마다 간장, 고추장, 된장, 고춧가루, 김밥 김, 단무지 등을 사서 이민 가방에 바리바리 싸 들고 오기도 했다.

그 시절 나는 오래전에 본 덴마크 영화 〈바베트의 만찬〉(Babettes Gaestebud, 1987)을 종종 떠올리며 살았다. 덴마크 작은 가을에서 금욕적인 삶을 살아가는 이들에게 찾아온 바베트라는 여인이 어느 날 복권당첨금으로 받은 어마어마한 돈을 다 쏟아부어 마을 사람들이 평생 한 번도 맛본 적 없는 프랑스 요리를 대접하는 내용의 영화다.

얼핏 생각하면 바베트의 행동이 이해가 안 되겠지만, 바베트의 만찬을 대접받은 사람들이 기쁨의 소리를 발하며 서로에게 닫았던 마음을 활짝 여는 모습에서 이 영화가 전달하려는 바를 알 수 있다. 특히나 식사가 끝나고 집으로 돌아가던 길에 별빛 가득한 밤하늘 아래서 그들이 하나님께 기쁨의 찬양을 올려드리는 모습은 바베트가 그렇게까지 한 이유를 짐작하게 해준다.

바베트처럼 누군가를 위해 자신의 모든 것을 쏟아붓는 삶은 생기 잃고 색이 바랜 이들의 삶에 화사함을 덧입혀준다. 마치 공생애 기간에 제자들과 먹고 마시며 삶을 다 부어주시고, 십자가에서 피 한 방울도 남기지 않고 쏟아주신 예수님의 그 사랑이 우리를 살게 하신 것처럼….

그래서 나는 그 영화를 떠올릴 때마다 나 역시 태국 학생들에게 한국 음식뿐 아니라 진정한 생명의 양식인 하나님의 말씀을 먹이는 일에 우리가 가진 모든 것을 아낌없이 쏟아붓자고 다짐했다. 실제로 우리가 안 쓰고 안 먹으면서 열심히 음식을 해먹인 결과, 몇 개월 후에는 집 하수도관에 기름이 껴서 물이 역류하는 해프닝을 겪기도 했다.

하수관이 막히면 남편이 하수관을 뚫으면 된다. 1년이고 2년이고 그렇게 밥 사역을 계속하는 동안, 태국에서 본 무채색 하늘에 하나둘 별빛이 보이기 시작했다. 밥 먹는 횟수가 늘어날수록 학생들의 마음 문이 조금씩 열렸던 것이다.

한 명, 두 명, 금요 모임에 고정적으로 오는 수도 늘어났다. 어느 새 치앙마이대학교 학생들 사이에 '반조이'에 가면 행복하다는 입소문까지 났다.

우리는 때를 놓치지 않고 학생들이 관심을 가질 만한 내용으로, 그러나 결코 가볍지 않은 복음 메시지를 기도하며 전했는데 그 메시지가 학생들의 생각을 일깨우고 마음을 두드렸다. 그들은 복음에 반응했고 예수님이 누구신지 궁금해했다.

그러다 풍과 국, 꿍이라는 청년과 대학생이 마음을 열고 예수님을 영접하는 사건이 생겼다. 정말 천하보다 귀한 한 영혼의 회심 사건이었다. 이어서 풍, 꾹, 꿍 외에도 땀, 까이, 아누퐁, 꺼이, 오쁜, 그리고 우리 부부와 딸 예나가 함께 주일예배를 드리게 되었다. 하나님의 놀라운 은혜의 역사였다.

하나님은 생명을 얻는 도구로 우리 손에 한국어 수업이라는 도구를 쥐어주셨다. 하나님께서 친히 조성하시고 인도해주신 일이었다. 그러니 우리가 혼신의 힘을 다해 이 사역을 감당하는 건 당연한 일이었다. 우리 부부는 캠퍼스에서도 전도지와 전도용품을 돌리며 전도했고, 한국어를 가르치는 사역을 하면서도 기회가 될 때마다 복음을 전했다.

한국어 교수 사역은 계속해서 그 지경이 넓어졌다. 나중에는 레지나 중학교, 와타노 타이파압 고등학교, 유파랏 고등학교, 사아팃 중고등학교에서도 차례대로 한국어 수업이 열렸다.

나는 남편과 함께 쉬는 날 없이 다섯 학교를 다니며 수업했고, 한국에서 선교팀들이 올 때면 현지인 사역자들을 총동원해 각 학교에서 전도 모임을 열었다. 그때마다 나는 태국 학생들이 사탄의 결박에서 놓여나기를 바라며 금식기도를 이어갔다.

신기한 것은, 고온의 날씨가 지속되는 태국에서 금식기도를 한다는 것은 목숨을 내놓는 일임에도 불구하고, 금식하며 한국 음식까지 준비했지만 전혀 음식의 유혹을 받지 않았다는 것이다. 오히려 영이 더욱 맑아져서, 우상으로 가득한 이곳에 하나님나라가 임하기를 간절히 기도하게 되었다.

그 모든 것이 하나님의 은혜였다. 구체적으로 말하자면, 태국에 오자마자 죽을 것 같은 고난과 실패를 겪으며 내가 있어야 할 자리를 하나님의 뜻 안에서 발견하고 그 자리를 지키게 하신 것이 하나님의 놀라운 은혜였다.

그 덕분에 나는 하나님이 부르신 그 자리에서 기도하고 말씀 듣고 하나님이 하라 하시는 대로 겸손히 순종할 수 있었다. 우리가 순종하기만 하면 하나님께서 친히 선교의 길을 여시고 때를 따라 사역의 열매도 맺게 하시는 것을 볼 수 있었다.

하나님은 선교지에서 때를 따라 역사하셨다. 평생 한 명이라도 전도할 수 있을까 싶었던 우리의 생각이 무색하게, 마치 팝콘이 터지듯 여기저기서 대학생들이 예수님을 영접했다는 소식이 '반조이'에 가득차고 넘쳤다. 우리가 선교지에 온 지 6-7년이 지날 무렵이었다.

다시 로뎀나무 아래에서

그러나 우리를 연단하시는 하나님의 손길은 거기서 멈추지 않았다. 선교 사역의 열매를 보며 기뻐하던 것도 잠시, 생각지도 못한 일들이 터지면서 나는 또 다른 차원의 성장을 위한 침체와 고통의 골짜기를 지나야 했다. 이번에는 현지인 사역자와의 문제였다.

그동안 우리 부부는 현지인에게 복음을 전하고 현지인을 사역자로 키우는 일에 공을 들였다. 아무리 열심히 태국어를 익혀도 언어의 한계가 있는 우리와 달리, 현지인 한 명이 좋은 사역자로 세워지면 그를 통해 태국의 많은 영혼이 하나님의 말씀을 풍성하게 들을 수 있다는 게 남편의 일관된 생각이어서 누군가가 복음을 듣고 예수님을 영접해 세례를 받게 되건 현지인에 대한 세례만큼은 현지인 사역자가 직접 베풀도록 했다.

그런데 우리에게 복음을 듣고 예수님을 영접해서 신학교까지 간 현지인 사역자가 개인의 사리사욕을 채우는 일에 하나님의 이름과 하나님의 사람들을 이용하고 있었다.

그러면 안 된다는 걸 아무리 가르쳐도, 그럴수록 그는 가르치는 나를 대적하며 일탈의 길을 고집했다. 이 일로 나는 억장이 무너져 내렸다. ‘사람은 과연 변할 수 없는 것일까’라는 사역자로서의 슬픔과 무력감이 나를 덮쳤다.

도대체 선교사는 어디까지 참아야 하는 걸까. 이 밀알같이 썩어지는 삶이 정말 죽어가는 한 영혼을 살리는, 그래서 하나님의 영광을 위한 거라면 얼마든지 썩어지겠지만, 그 모든 것이 만약 냄새나는 인간의 욕망을 위해 이용당하는 거라면 어찌할 것인가. 나는 매일같이 이런 질문을 쏟아내며 미칠 듯 괴로워했다.

한 날은 교구재를 챙기고 한국어 수업을 하러 세 곳의 학교를 방문했다가 돌아오는 길에 비가 쏟아지길래 아무도 없는 산길을 달리며 스피커가 찢어지도록 크게 볼륨을 올리고 차 안에서 목청껏 기도했다.

"하나님, 언제까지 이 일을 해야 합니까? 하나님! 제게 견뎌낼 힘을 주세요! 저들을 무조건적으로 사랑할 수 있는 주님 마음을 부어주세요. 사람이 너무 힘듭니다. 도와주세요!"

내가 괴로웠던 건 그런 갈등을 겪으며 내 안에 현지인들에 대한 사랑이 메말라갔다는 데 있었다.

형제를 미워하는 자마다 살인하는 자니 살인하는 자마다 영생이 그 속에 거하지 아니하는 것을 너희가 아는 바라 요일 3:15

이 말씀이 떠오르자 나는 말씀 앞에서 이내 목 놓아 통곡하며 회개했다.

"아버지, 저들을 하나님 아버지의 사랑으로 사랑하지 못한 저를 용서해주세요! 저는 무익한 자입니다. 저는 이제 아무것도 못 할 것 같습니다. 아무것도 할 수 없는 이 무익한 자를 긍휼히 여겨주세요."

우리는 이미 져야만 승리하는 영적 전쟁터 최전방에 서 있었다. 내게는 영혼을 살리는 힘이 없기에 대장 되시는 예수님이 앞서 싸워 이기신 전쟁에서 예수님을 뒤따라 나아가며 전리품만 주으면 된다. 하나님이 친히 하시는 일에 나는 그저 통로가 되어 나 자신을 내어드리면 되는 것이다. 그러면 하나님의 영이 사람을 살리실 테니까.

그런데, 그런데… 그걸 알고 있으면서도 나는 왜 이토록 사람에 지치고 사역에 지쳐 힘겨워하는지 모를 일이었다. 한 사람을 그리스도의 사랑으로 끝까지 사랑하며 참된 제자로 세우는 일에 나는 실패한 것만 같았다.

문득 나는 더 이상 선교사가 아닌 것 같았다. 선교사로 살 수 없을 것 같았다. 주님의 사랑과 위로를 전해야 하는 선교 사역을 감당하기에 내 심신이 너무 지쳐 있었다. 당분간이라도 나를 아는 사람이 없는 곳에 가서 접시닦이라도 하며 살고 싶었다.

그러고 보니 안식년도 없이 계속되던 선교 사역으로 나 몸도 이미 한계선에 도달해 있었다. 하나님의 그다음 스텝이 무엇이길래 내 온몸과 마음의 힘을 다 빼버리시는지 모를 일이었다. 나는 마치 오랜 금식기도 후 온몸에 아무런 힘도 남아 있지 않은 사람 같았다. 선교지로 온 지 7년 만이었다.

05

착하고 충성된 종아

하나님이 오라 하신 그곳에서

그렇게 2010년 3월을 맞았다. 위기를 맞은 나는 당분간이라도 한국에 다녀오려고 채비를 했다. 어딘가 다녀와야만 살 것 같아서였다. 아무리 어려운 일을 겪어도 무쇠처럼 묵묵히 일만 하는 남편은 상황의 심각성을 알았는지 혼자라도 한국에 나가서 쉬다 오라며 내 등을 토닥여주었다.

때마침 북경에 사는 전 집사로부터 전화가 걸려왔다. 나의 대학 후배이기도 한 전 집사는 모(某) 기업의 북경 주재원으로 근무 중인 남편 김 집사와 함께 중국에 체류하고 있었다.

"언니, 물어볼 게 있어서 전화했어요. 내가 요즘 처음 겪는 일들이 있어서요."

전 집사는 북경의 한 유명 교회에서 일어나는 성령 체험에 관해 물었다. 교회가 전에는 그런 분위기가 아니었는데 성령 사역을 하시는 분들이 연이어 교회에 다녀가면서 각종 성령의 은사가 나타나고 있다고 했다. 그 바람을 타고 자기에게도 변화가 찾아왔다며 자신에게 일어난 일들에 관해 질문을 쏟아냈다.

그래서 눈에 보이는 현상에만 집중하지 말고 말씀을 계속 읽으며 그런 현상이 말씀에 위배되지 않는지 점검하고, 현상이 어떤 의미가 있는지 등을 말씀에서 찾으라고 조언해줬다. 모든 성령의 은사는 말씀의 지도 속에서 열매를 맺는다는 게 중요한 포인트였다. 그러자 전 집사는 내게 북경에 한 번 왔다 가기를 권했다.

전화를 끊고 여러 일정과 여건을 고려해봤는데 북경보다는 한국에 다녀오는 편이 좋을 듯싶었다. 북경이나 한국이나 항공 요금이 비슷했기 때문에 기왕 비행기 요금을 지불하며 다녀올 바에는 한국에 들어가 충전하는 게 나을 것 같아서였다.

며칠 후 전 집사에게, 미안하지만 나는 한국에 다녀와야겠다는 의사를 전했는데 다음 날 전 집사가 다시 전화를 걸어서 왕복 항공료 반값을 통장에 넣었으니 이번엔 꼭 북경에 다녀가길 바란다고 했다.

나를 알아보는 사람이 아무도 없는 곳에서 혼자 접시닭이를 하며 쉬려던 계획은 그렇게 무산되었다. 어쩌면 사랑하는 후배가 그렇게까지 요청하는데 그걸 뿌리치고 한국으로 나갈 이유가 없었는지도 모르겠다.

어디로 가느냐가 중요하지 않았다. 나는 일단 태국으로부터 도망치고 싶었다. 그래서 정말 도망치듯 선교지를 빠져나갔다는 게 솔직한 표현일 것이다. 날개 꺾인 새가 비틀거리며 쉴 곳을 찾아가듯이, 선교 사역 7년 만에 지치고 상한 마음을 안은 채 북경으로 향했다.

도망쳐 나온 선교사

나는 고신교단의 교회에서 자랐다. 말씀 중심의 교회를 다니다 보니 그 누구도 내게 성령의 은사나 체험에 대해 알려주지 않았다. 그런데 회심하던 날, 나는 알지도 못하고 의도하지도 못했던 성령 체험을 했다. 성령께서 하신 일이었다.

또한 하나님은 내게 구하지도 않은 성령의 은사를 주셔서 하나님을 찾는 '한 사람'을 도우라는 소명도 주셨다. 그리고 내 믿음이 견고해지는 동안 나를 여러모로 연단하며 기다려주셨다.

남편 또한 성령의 은사에 보수적 입장을 취하는 장로교단의 목사였다. 청년 시절에 가족 중 한 사람이 은사를 받고 성령으로 시작했다가 육신으로 망해가는 과정을 지켜보면서 예언사역에 대해 마음 문을 굳게 닫은 터였다.

그래서 남편은 내게 기도 사역을 하지 말 것은 물론, 기도의 대가로 돈을 요구하는 형태의 예언사역을 해서는 절대로 안 된다고 신신당부했다. 나는 남편의 권위에 순복하여 그 말을 따랐다. 대학생 시절 기독동아리에서 활동하겨 활발하게 은사를 사용했던 것과 달리, 결혼 이후 몇 년 동안 예언의 은사를 사용하지 않은 것은 그 때문이었다.

돌아보면 하나님께서 남편을 통해 그런 기간을 내게 허락하심으로써 주 안에서 조금이나마 익은 열매로 영글어갈 수 있었던 게 아닌가도 싶다.

결혼 이후, 그리고 선교지에서 여러 시련과 실패를 겪는 동안 나는 내가 아무것도 아니라는 사실을 뼈아프게 대면해야 했다. 나에게는 한 영혼을 살릴 힘이 전혀 없다는 사실도 고통스럽게 인정해야 했던 시간이었다.

선교지에서 힘을 다해 7년 가까이 사역한 결과, 변하지 않는 한 영혼의 완고함 앞에서 나가 맞닥뜨린 진실은 내가 아무것도 아니며 나로서는 아무것도 할 수 없다는 사실이었다. 그 사실 앞에 나는 선교사 자격조차 없다고 느꼈다. 즈님의 영이 임하시지 않는 한, 내가 아무리 이리 뛰고 저리 뛰어봐도 사람은 조금도 변하지 않았기 때문이다.

이제 와 생각해보니 성령께서는 어쩌면, 약함과 악함으로 점철된 나 자신의 영적 실체를 알고 나를 비워 빈 그릇으로 주께 내어드릴 때를 기다리셨는지도 므르겠다. 아무것도 아닌 나를 비워 주께 내어드릴 때라야 성령께서는 그곳에 차고 넘치게 임하셔서 친히 사람을 살리신다는 걸 나타내려 하심인지도 모른다.

주님은 내가 한 영혼을 살리는 게 아니라 오직 주의 영이 한 영혼을 살리신다는 걸 알려주고 싶어 하신 것이다. 그렇지 않다면 선교

사역에 지쳐 도망친 북경에서 기도 사역으로 다시 부르심 받은 일을
설명할 수가 없다.

맞다, 하나님이 나를 다 아신다

북경에 도착하던 날의 내 몰골에 대해 전 집사는 그 후 이렇게 말
했다.

"언니가 우리 집 현관에 들어설 때의 그 모습은 지금도 잊을 수가
없어요. 예수님도 볼품없는 모습이었다고 하지만, 언니의 행색이야
말로 얼마나 볼품없던지…. 그때 언니를 보고 가슴이 철렁 내려앉았
다니까요."

전 집사의 말대로 나는 몸과 마음이 완전히 피폐한 상태였다. 그
래서 그 집에 도착한 후 이틀 동안은 아무것도 안 하고 그저 집에만
머물러 쉬는 데 전념했다.

그러다 3일째 되던 날, 전 집사로부터 구역예배가 있으니 예배 중
선교 보고도 하고 예배도 인도해달라는 부탁을 받았다. 예배는 언제
나 내게 하나님 안에서 누리는 쉼의 자리다. 예배드리는 것만큼 좋은
것이 무엇이 있으랴!

그래서 나는 지친 중에도 기쁜 마음으로 예배의 자리로 나아갔다.
처음 보는 분들이었지만 하나님 안에서 한 가족으로 부름받은 관계
여서인지 어색함이나 경직됨도 없었다.

예배가 끝나자 전 집사가 내게, 모인 이들을 위해 기도해달라고 부탁했다. 그들 모두 고국을 떠나 다양한 문제들로 힘든 사람들이라 기도가 필요하다고 했다. 그 순간, 너무도 오랜만에 성령의 평안과 자유가 내게 임했다. 기도해도 좋다는 사인이었다.

나는 일면식도 없었던 그들 한 사람 한 사람을 붙들고 기도해주며 주님의 마음을 전했고, 전 집사는 바닥에 엎드려 기도 내용을 급하게 받아 적기 시작했다. 성령께서 한 사람 한 사람의 마음을 어루만지기 시작하셨다. 권면도 있었지만 주로 따뜻한 위로가 많이 쏟아졌다. 어떤 자매님에게는 가족에 대한 이해와 사랑의 당부가 이어졌다.

"남편이 완벽주의자인 것에 대해 불쌍하게 여기라고 하십니다. 하나님께서 맺어주신 남편이니 남편에게 순종하라 하십니다."

또 다른 자매님에게는 "염려하지 말라"라는 말씀이 있었다.

"자녀들에게 마음을 너무나 많이 준 나머지 하나님을 바라볼 힘이 없다고 하십니다. 그러나 아이들은 하나님이 책임진다고 하십니다. 아이들 키우는 것에 온 마음을 빼앗기지 않았으면 좋겠다고 하십니다. 특별히 자녀들의 건강에 대해 염려하지 말라고 하십니다."

나중에 들어보니 그 분은 자녀에 대한 관심이 지나친 나머지, 아이들 과외 선생님을 구하지 못한 일만으로도 원형탈모가 생겼다고 한다. 부모님이 일찍 돌아가신 데다 그 자매님 자신도 부모로부터 물려받은 유전적 질병이 있어서 행여 아이들마저 건강에 문제가 생길까봐 전전긍긍했던 것이다. 좋으신 하나님은 그것까지 아시고 "자녀의 건강에 대해 염려하지 말라"라고 콕 집어 말씀하셨다.

또 다른 분을 위해서도 기도가 이어졌다.

"자매님에게는 남편이 축복이라 하십니다. 그렇기 때문에 남편과 시댁을 잘 섬기라 하십니다. 만나면 사랑한다고 꼭 말해주고, 고맙다는 표현을 하라고 하십니다. 또한 말씀을 보라고 하십니다. 하나님 말씀을 시간을 내서 보며 말씀 속에서 하나님을 만나라고 하십니다."

매우 냉철하고 이성적인 성격이라 예배에도 잘 참석하지 않고 좀처럼 감정적 흥분 상태를 보이는 법이 없던 그 자매님은 기도를 받은 후 손을 덜덜덜 떨면서 나가더니 "하나님이 정말 살아 계시나 봐. 나를 다 아셔"라고 말했다고 한다.

맞다. 하나님은 살아 계신다. 그리고 나를 다 아신다. 왜 모르시겠는가. 하나님이 우리를 지으신 창조자시요 우리를 낳으신 아버지이신데 어찌 그분이 우리를 버려두며 우리에게 관심을 두지 않으시겠는가.

기도를 다 마치자 그곳에 모였던 분들은 한결같은 말로 하나님이 살아 계신다고 고백했다. 그리고 그들 모두 이 고백 앞에서 충분히 평안하고 충분히 행복해했다. 나를 향해서도 그걸 알려줘서 고맙다는 존경의 눈빛을 보나 왔다.

그 눈빛을 마즈하지- 불현듯 선교지에서 처절하게 깨지고 부서졌던 내 모습이 떠올랐다. 하나님이 살아 계시고 그 하나님이 나를 아신다는 사실 하나만으로 이렇게 충분히 행복한데 나는 무엇에 지쳐 여기까지 왔단 말인가. 갑자기 내 눈에서 눈물이 주르륵 흘러내렸다.

"여러분, 저를 주목해서 보지 마세요. 제게서 나타나는 것은 하나님께서 부어주신 은사이고 그분이 하시는 일이지, 저와는 상관이 없는 일입니다. 저는 선교사지만 선교가 너무 힘들어서 도망쳐 나온 사람이에요. 저는 도망쳐 나온 선교사에 불과합니다."

이 고백을 하며 눈물을 쏟자 어떤 집사님 한 분이 나를 따라 펑펑 우셨다. 그때부터였다. 나를 향한 하나님의 위로가 쏟아지기 시작했다. 누군가는 내게 맛있는 한국 음식을 대접해주고, 누군가는 나를 데리고 가서 발마사지를 받게 해줬다.

항상 누군가를 돌봐야 했던 내가 반대로 그런 대접과 위로를 받으니 많이 어색하고 쑥스러웠다. 그러면서도 한편, 성도들이 보여준 실질적인 사랑과 위로에 구겨졌던 내 마음이 펴지기 시작했다. 무너진 자존감도 빠르게 회복되었다.

나는 하나님의 사랑받는 자녀일 뿐 아니라 살아 계신 하나님을 세상에 알리고 전하는 사명자로 부름받았다는 사실이 인식되며 하나님의 부르심에 대해 진심 어린 감사가 나왔다. 정신없이 선교 사역을 하며 질주하는 동안 잃어버렸던 감사였다.

하나님의 이름으로 기도했을 때 답을 찾은 듯 기뻐하며 하나님께 영광 돌리는 지체들의 모습을 보면서, 하나님의 위로와 권면이 필요한 한 사람이 있다면 그곳이 어디든 찾아가서 기도해야겠다는 사랑과 열정도 되살아났다.

예언의 은사는 교회의 덕을 세우기 위한 은사가 아닌가. 교회인 사람을 돕고 세우라고 하나님께서 은사를 내게 주셨는데 하나님의 말씀을 전하는 이 사역을 회피하는 것은 하나님의 뜻을 외면하는 것이라 할 수 있었다.

"할 수 있는 대로, 하나님께서 인도하시는 대로 따라가겠습니다. 곤고하고 지친 영혼들을 세우기 위해서라면 어디든 가겠습니다."

도망치듯 태국을 빠져나와 내 몸을 숨기고 싶은 심정으로 찾아간 북경에서 나는 그런 기도를 드리게 되었다. 이제 사역을 제한하지 않고, 사람들의 판단을 두려워하지도 않고, 하나님의 인도하심을 따라가겠다고 고백하게 되었다.

위로인가 권면인가

전 집사가 속한 구역에서의 일이 금세 소문이 났는지 다른 구역과 다른 소그룹 모임에서도 기도 요청이 들어왔다. 그러자 전 집사가 무척이나 긴장하고 당황스러워했다. 본인이 섬기는 구역의 사람들에게 나를 소개할 때는 부담이 없었지만, 교회 지도자들의 허락을 받지도 않은 채 다른 구역에까지 나를 소개하는 것에는 적잖은 부담을 느꼈기 때문이다. 그 부담 때문에 전 집사는 금식하며 기도했다. 하나님께서 이 사역을 기뻐하신다면 분명한 확증을 보여달라는 기도였다.

그러던 중 교회의 전 구역장, 권찰이 모여 담임목사님과 성경공부를 하는 모임에 따라가게 되었다. 교회가 커서 그런지 구역장과 권찰의 숫자도 매우 많았다. 숫자가 많다 보니 담임목사님과 일대일로 만날 기회도 별로 없다고 했다.

나 역시 목사님을 찾아가 개인적으로 인사를 드리고 싶었지만, 목사님이 바쁘시다 보니 그럴 만한 시간이 없어 보여 그 모임에 따라가는 것으로 대신했다. 그런데 신기한 일이 생겼다. 그날따라 목사님이 이런 말씀으로 모임을 시작하셨다.

"오늘은 하나님께서 설교하지 말고 기도하라고 하셨습니다. 그런데 누구에게 기도해주라는 건지는 아직 안 알려주셨습니다."

목사님의 얘기에 참석자들 모두가 하하 웃었다. 목사님은 아랑곳하지 않고 말을 이어가셨다.

"그래서 제가 잠시 기도해보고 기도해드리도록 하겠습니다."

그 순간 나는 속으로 주님께 여쭈었다.

'하나님, 저죠? 목사님이 저한테 와서 기도하려는 거지요?'

그때였다. 기도를 마치신 담임목사님이 갑자기 성큼성큼 걸어 내게로 오더니 공개적으로 개인기도를 해주시는 게 아닌가.

"하나님, 이분을 통해 우리 교회가 복을 얻게 하시고 많은 사람이 힘을 얻게 하여주시옵소서."

그 순간, 나도 그렇지만 내 옆에 앉아 기도하던 전 집사의 마음에도 평안이 임했다. '아, 이 사역을 계속하라는 하나님의 사인이구나!'라는 확신을 우리 두 사람 다 갖게 되었다.

그 뒤로 나는 기도 요청이 있는 곳마다 후배와 함께 가서 기도했다. 북경에서 2주 정도 머물며 조용히 쉬려던 계획은 어느덧 사라지고, 약 한 달 정도를 날이면 날마다 기도하는 시간으로 채워갔다.

그중에 특별히 기억나는 사람은 그 교회의 P집사님이었다. 나는 잘 몰랐지만, 나중에 들어보니 그 분은 집사이면서도 남들이 교역자라 할 만큼 열심히 헌신하고 봉사하는 분이었다고 한다. 자신의 아픈 몸도 돌보지 않으며 교회를 위해 뛰었던 분이라 많은 이에게 존경과 사랑도 받고 있었다.

그런 중에 내가 소그룹 모임에 가서 기도하며 주님의 마음을 전할 때 사람들에게 하나님의 위로와 격려가 임했던 것처럼 그 분도 그런 위로나 칭찬을 받을 것으로 생각하고 내게로 오셨던 것 같다. 그런데 몇 명이 앉아 있는 그 자리에서 갑자기 엄청난 책망이 나왔다.

"빗방울이 바위를 뚫듯이 잔소리하는 여자랑은 살 수가 없다고 하십니다. 가족에게 잔소리를 하면서 '나는 본래부터 이렇게 생겨먹었으니 어쩔 수 없다'라고 말하지 말라 하십니다. 하나님께서 집사님에게 주신 것은 본래 선한 것이었지 악한 것이 아니라 하십니다."

기도하고 난 뒤에는 특별한 경우가 아니면 기도한 내용을 거의 잊게 되는데, 그 분의 경우에는 잊을 수가 없었다. 그 분이 너무 창피했던 나머지 기도가 끝나자마자 바로 일어나 나가버렸기 때문이다.

사실 그런 기도가 나올 줄은 나도 전혀 몰랐다. 기도하는 나도 약간 당황했고, 기도를 옆에서 받아 적는 전 집사도 미안하고 당황스러워 어쩔 줄을 몰라 했다.

하지만 기도가 끝난 뒤 그 분에 대한 여러 정보를 들으면서 나는 한 가지 사실을 깨달았다. 많은 사람이 예언기도를 하나님의 위로라고 국한하지만, 사실은 하나님의 권면이나 책망도 이 기도의 중요한 내용이라는 점이다.

예언하는 자는 사람에게 말하여 덕을 세우며 권면하며 위로하는 것이요 고전 14:3

그런데 하나님은 책망을 받을 만한 사람에게만 책망하신다는 사실에 주목해야 한다. 다시 말해, 신앙이 어리고 연약해서 단단한 하나님의 말씀을 소화할 수 없는 사람에게는 아기를 다루듯 살살 다루며 위로만 하신다는 것이다. 그것은 그들에게 권면할 내용이 없어서가 아니다. 어떻게 죄인인 우리에게 책망받을 내용이 없을 수 있겠는가.

그런 면에서 하나님의 책망은 아무에게나 임하는 게 아니다. 하나님은 인격적인 분이시기에 받을 만한 사람에게만 강한 채찍의 말씀을 주신다.

P집사님의 경우에도 나는 그렇게 생각했다.

'아, 이분의 믿음이 단단하구나. 다만 그 하나를 하나님께서 안타깝게 보시는구나.'

따라서 기도 중에 하나님의 칭찬과 위로가 있었다고 해서 그걸 마치 자신의 의(義)인 양 자랑해서도 안 되고, 책망이나 권면을 받았다고 해서 하나님께 서운해하거나 사람에게 창피해할 필요도 없다. 위로를 주시면 감사하게 받고, 권면을 주시면 더욱 감사하게 받으면 된다.

1년 후 P집사님이 태국에 있는 내게 전화를 걸어 고백했다. 그땐 너무 창피하기도 해서 인사도 없이 나가버렸지만, 사실 그 기도는 자신의 상황을 정확하게 짚어준 것이었다고. 그래서 가족들에게 정식으로 사과했고, 그 덕분에 이제는 전에 없던 행복이 가족 간의 관계 속에 피어난다고 했다.

기도 사역의 열매가 이런 것이다. 어쩌면 그 열매는 위로보다 권면이나 책망 뒤에 더 크게 맺히는 것 같기도 하다. 그런 면에서 하나님께서 권면을 주실 때 우리는 기쁨으로 그 권면을 받아야 한다. 하나님으로부터 오는 모든 것은 선하고 복된 것이기 때문이다.

영적 싸움에서 이기려면

P집사님 이후에도 나는 계속해서 여러 사람을 만나며 기도했다. 모두가 처음 보는 분들이라 더더욱 두렵고 떨리는 마음으로 주시는 말씀 그대로를 분별해서 기도하려고 했다.

그러던 중 한번은 어떤 형제님을 위해 기도하게 되어 그 형제님에게 물었다.

"왜 오셨어요?"

"네, 능력을 받고 싶어서요. 다른 사람들은 다 방언하고 통변하고 예언하는 것 같은데 나는 그런 게 없거든요."

그 형제님의 말을 들은 후 나는 기도를 하기 위해 눈을 감았다. 그런데 이게 웬일인가? 그 형제님 뒤쪽으로 어두움에 놓여 있는 이미지(?)만 보였다. 그 형제님이 스스로에 대해 말한 영적인 상태와는 전혀 달랐다.

'이게 뭐지?'

나도 순간 당황스러웠다. 기도가 잘되지 않았다. 예언기도가 언제든 마음만 먹으면 가능한 게 아니라는 걸 그 형제님을 앞에 놓고 재차 확인했다. 기도가 나오지 않을 뿐 아니라 그 캄캄함의 정체가 뭔지도 분별이 되지 않았다. 그러면서도 음침한 기운이 느껴졌다.

그날 밤, 내 마음속에는 계속 그 형제님에게서 보였던 캄캄함에 대한 의문이 남았다. 기도 중 명확하게 분별하지 못한 것이 대해서도 마음에 걸렸다.

"안 되겠다. 전 집사, 내일부터 새벽기도에 다녀오자."

당시 전 집사의 집에서 새벽기도회가 있는 교회까지는 꽤 멀어서 택시를 타면 요금이 많이 나왔다. 하지만 새벽에 부르짖지 않으면 안 될 것 같은 절박감에 전 집사를 부추겨 함께 새벽기도에 다니게 되었다.

새벽에 하나님 앞에 나가 몸부림치며 기도하자 하나님은 그 캄캄함의 정체가 무엇인지 알려주셨다. 나는 그게 너무 괴로웠기에 그것을 기록으로 남기고 싶지는 않다. 다만 은사자가 기도할 때는 언제나 깨어서 영적 분별력을 갖춰야 한다는 걸 그로 인해 깨달았음을 말하고 싶을 뿐이다.

은사자는 사람이고 통로다. 하나님으로부터 오는 모든 은사는 완벽해서 실수가 없지만, 통로인 은사자는 사람이기에 실수할 수 있다. 특히나 예언의 은사는 하나님으로부터 오는 것을 사람이 받아 전달한다는 점에서 실수할 여지가 있다.

그 실수는 거짓 선지자들의 '거짓 영'으로 예언하는 것과는 다른 종류의 것이다. 기도하면서 분별이 잘되지 않을 때, 혹은 영적으로 충만하지 않을 때 자신의 무의식중의 생각이나 뭔가를 말해야 한다는 압박감에 밀려 하나님의 말씀과는 다른 내용을 인간적으로 쏟아 놓는 실수를 할 수 있다. 그럴 때는 침묵하든지, 아니면 영적인 어둠과 싸워서 이겨야만 한다.

이런 여러 가지 생각을 하다 보니 내가 얼마나 하나님 앞에 깨어 있어야 하는지, 또 하나님께 붙어 있어야 하는지가 실감이 되어서 영적 분별력을 잃지 않기 해달라고 부르짖게 되었다. 그러자 하나님은 예비하셨다는 듯, 영적 전쟁을 치러야 할 한 사람을 만나게 하셨다.

밤에 잠을 못 자서 괴로움을 겪고 있다는 어떤 집사님으로, 자신을 '다른 사람들의 미래를 알아맞히는 사람'이라고 소개했다. "당신에게 교통사고가 나겠어요"라고 말하면 교통사고가 나고 "당신에게 병이 오겠어요"라고 하면 병이 오니 사람들을 만나기 꺼려진다며, 그래서인지 자기가 밤에 잠도 잘 못 자고 거리를 몇 시간이고 돌아다녔다고 했다.

단번에 그 자매가 이상하다는 걸 알았다. 사람들에게 일어날 불길한 일들을 보고 알려주는 것은 하나님으로부터 온 은사가 아니라는 것쯤은 상식적인 일이다. 나는 예수님이 이 세상 어둠의 권세를 파하기 위해 오셨고, 그분이 바로 그리스도라는 사실을 그 집사님에게 알렸다. 이사야서 말씀도 풀어 해석해 주었다.

이는 한 아기가 우리에게 났고 한 아들을 우리에게 주신 바 되었는데 그의 어깨에는 정사를 메었고 그의 이름은 기묘자라, 모사라, 전능하신 하나님이라, 영존하시는 아버지라, 평강의 왕이라 할 것임이라 사 9:6

특히나 나는 평강의 왕으로 오신 예수님으로 인해 우리 삶이 전쟁이나 기근 등의 어떤 나쁜 것들에 의해서도 어지럽혀지지 않고 평안

할 수 있음을 강조했다. 모든 사탄마귀의 권세를 제압하신 예수 그리스도의 십자가를 바라보자는 말씀도 전했다.

"그런데요, 제가 질문이 하나 있는데요?"

집사님은 나를 향해 씨익 웃으며 계속해서 질문을 던졌다. 악한 영이 집사님을 조종하며 나를 시험하려 했다. 틈을 노리고 있었던 것이다. 그러나 나는 어떤 말에도 '예수 그리스도'로 답을 했다. 그러자 이 집사님이 마지막으로 이렇게 말한다.

"아무리 그래도 그 예수님이 나를 고칠 수가 있겠어요? 내가 이렇게 잠도 못 자고 이러는데?"

그 말에 내가 그 분의 눈을 똑바로 보며 말했다.

"다른 데서는 없고요, 예수님의 십자가로는 가능하지요. 그러니까 집사님이 예수님의 십자가를 붙드셔야 해요. 예수님은 우리가 아직 죄인이었을 때 우리를 사랑하셔서^{롬 5:8} 우리 죄를 사하시려고 이 십자가를 지셨다고요. 집사님이 치러야 할 죗값을 예수님이 대신 지신 거라고요."

내가 그렇게 예수 그리스도의 복음을 선포했을 때였다. 갑자기 그 집사님의 얼굴 한쪽으로 푸르죽죽한 빛이 서늘하게 비쳤다. 순간 나는 '내 안경에 뭐가 꼈나' 싶어 안경을 벗고 그 분을 쳐다봤는데 여전히 그 서늘한 빛이 그녀에게서 보였다.

"잠깐만요, 집사님. 혹시 염색하셨어요?"

"아닌데요."

‘그럼 이게 뭐지?’

나는 다시 한번 내 안경을 내렸다가 다시 꼈다. 푸르고 음산한 빛이 그 자매의 얼굴 한쪽을 비추고 있었다.

“뭐야, 이거!”

순간, 그 사악한 빛의 정체가 깨달아져 반사적으로 그 요상한 빛을 손으로 확 밀쳐내고는 자매의 얼굴을 내 품에 안고 대적기도를 하기 시작했다. 품에 안은 것은 마귀에게서 자매를 보호하려는 인간적인 마음의 발로였던 것 같다.

“나사렛 예수 이름으로 명하노니 이 더럽고 추한 것들은 이 자매에게서 떠나갈지어다!”

그 순간 나는 맹렬히 분노하며 기도했다. 더럽고 악한 귀신이 이 영혼을 붙들고 있는 것에 대해 엄청난 분노가 쏟아졌다. 얼마나 소리를 질렀던지 나중에는 목이 쉴 정도였다. 그러자 자매 얼굴에서 보이던 기괴한 빛이 사라진 것을 눈으로 확인할 수 있었다. 말씀을 풀어주며 예수님을 증거하자 악한 영이 못 견디고 나간 것 같았다.

기도를 끝내고 자매에게 물어보니 이 자매는 ‘왜 갑자기 선교사님이 소리를 지르지?’ 싶으면서도 내 품에 안기자 너무 편안한 상태였다고 고백했다. 그날부터 집사님은 몇 년 만에 꿀잠을 자게 되었다고 했다. 회복이 찾아온 것이다.

이 일이 있고 나서 그 소문이 북경 지역에 퍼졌는지 그 뒤로 날마다 시간마다 기도해달라고 찾아오는 사람들이 이어졌다.

사막에 길을 내시는 하나님을 찬양하라

기도하러 오는 사람들이 많아지면서 나도 더욱 새벽기도에 박차를 가했다. 하나님과의 깊은 만남 없이는 이 일을 온전히 감당할 수 없었기 때문이다.

나는 마치 요나가 된 듯했다. 니느웨로 가라는 하나님의 음성을 피해 도망치다가 큰 물고기 배 속에 갇혀버린 요나. 그런 요나가 물고기 배 속에서 회개하며 하나님을 만났듯이, 나도 도망쳐 가게 된 북경에서 하나님을 뜨겁게 만났고 나를 향한 하나님의 부르심의 사명도 재차 확인했다.

그러자 더 이상 몸도 마음도 아프지 않았다. 잠도 하루에 몇 시간 못 잤는데도 시간이 갈수록 힘은 더 나고 얼굴에서도 생기가 돌았다.

약 한 달 정도를 그렇게 살다 보니 이제는 선교지로 돌아가야 한다는 생각이 났고, 돌아가고 싶은 마음이 들었다. 사랑하는 남편과 딸이 있는 곳, 내 목숨처럼 귀한 태국의 영혼들이 있는 그곳으로 가고 싶어졌다.

떠나오기 전날, 마지막으로 해야 할 일이 있었다. 지쳐버린 선교사를 불러서 한 달 동안 쉬게 해주고 위로하며 함께 사역해준 전 집사 부부를 위한 기도였다.

당시 전 집사는 남편 김 집사가 한국으로 발령 날 가능성이 커서 발령 문제를 놓고 초비상 상태였다. 한국으로 돌아가면 월급이 해외 근무할 때의 절반 이하로 줄어드는데 그렇게 되면 한국에서 분양받은 아파트의 중도금을 갚기도 어렵고, 부부는 처가살이를 해야만 했다.

믿음과 사랑만으로 출발한 부부여서 처음부터 경제적 형편이 여의치 않았다. 반지하에 살다 물난리도 겪어보고 처가살이도 이미 해볼 만큼 해본 터라 다시는 그렇게 살고 싶지 않다고 눈물로 기도하고 있었다.

나는 이 부부에게 하나님께서 어떤 말씀을 주실지 궁금하면서도, 하나님께서 주시는 말씀을 잘 분별해서 전해야 한다는 부담을 느끼고 있었다. 전 집사와 함께 새벽기도에 갔던 첫날부터 이미 그 가정을 향한 말씀을 음성으로 들었지만, 떠나기 전날까지 입을 꾹 다문 채 기도하며 기다렸다.

전 집사도 그렇지만 남편 김 집사 또한 귀한 사람이었다. 학창 시절에 예수님을 만난 후 그는 캠퍼스 전도에 열심을 내며 많은 사람에게 복음을 전했다. 회사 일로 북경에 올 때만 해도 중국 선교에 대한 부담을 놓지 않았고, 회사를 계속 다닌다면 나중에 북경지사장이 되어 평신도 선교사로서 사역하고 싶은 마음까지 갖고 있었다. 그만큼 그는 순결하고 뜨거운 하나님의 사람이었다.

그러나 3년여의 북경 생활은 그에게 복음에 대한 열정을 다 놓아버리게 했다. 치열한 회사생활에 적응하느라 마음과 생각의 모든 무게중심이 세상에 쏠려 있었다. 그 때문에 내가 북경에 가기 며칠 전에는 홀로 집 베란다에 앉아 인생의 허망함과 '내가 왜 이렇게 살고 있지?'라는 회의감에 가슴을 쓸어내리며 눈물을 흘리기도 했다.

물론 겉으로는 교회 생활도 잘했고, 그런 마음의 갈등을 아내에게도 내게도 전혀 내색하지 않았다. 그러던 그에게 북경에서의 마지막 밤에 하나님의 권면이 임했다.

"내 사랑하는 아들이 하나님이 아닌 것을 붙들고 가니 모래주머니를 단 것같이 무거운 다리로 걸어갈 때가 많았다고 하십니다. 형식적으로 그냥 말씀을 대하고, '그렇게라도 해야 하나님이 버리시지 않을 것 같다'라고 생각했다고 하십니다. 아무도 의지하지 말라고 하십니다. 아무도.
하나님을 바라고 기도할 때 가능할 것 같지 않은 것을 가능케 하시겠다고 하십니다. 부르짖으라! 하나님을 찾고 기도했던 그때로 돌아오라고 하십니다. 사는 것이 허무해지는 마음이 들고 사람들에게 도와달라고 한 것이 무슨 의미가 있었냐고 하십니다. 중국 땅에 하나님의 얼굴을 구하고 돌아오라고 하십니다. 마음을 찢고 돌아오라고 하십니다. 이 땅을 향한 하나님의 계획을 이루시려고 할 때 지금 이 상태로는 쓰실 수가 없다고 하십니다. 마지막 때를 사는 자로 깨어 있으라고 하십니다. 마음을 찢고 돌아오라, 주님께서 사막에 길을 내신다고 하십니다. 사람들을 향해 손을 내밀지 말라고 하십니다. 아무짝에도 쓸 수 없는, 도울 힘이 없는 인생을 의지하지 말라고 하십니다. 야곱의 하나님을 의지하라고 하십니다."

하나님께서 김 집사를 사랑하시는 만큼 책망도 강하게 임했다. 그리고 "사막에 길을 내신다"라고 말씀하셨다. 발령 준비 중이었기 때문에 두 사람은 이 부분을 민감하게 듣고 있었다. 성도를 위로하고 권면하는 게 예언기도의 주된 내용이지만, 때로는 앞으로 있을 일에 대한 '예지적 내용'이 선포되기도 한다.

나 역시 사막에 길을 내신다는 말씀에 '내몽고로 발령이 나려나 보다'라는 생각이 들었다. 나 홀로 김 집사를 위해 기도할 때도 내몽고를 품고 기도하라는 말씀이 있었기 때문이다. 그 말씀은 전 집사를 위한 기도 중에도 비슷하게 선포되었다.

나의 사랑하는 딸, 영혼이 아름다운 물 댄 동산, 믿음으로 부르짖어라. "사막에 길을 낸다?" 그게 뭘까? 너는 내게 찬양해라. 사막에 길을 내시는 하나님이라고 찬양해라.

기도 중 "사막에 길을 낸다, 그게 뭘까?"라는 내용이 여운으로 남았다. 성령께서는 그 부부를 어떻게 인도하시려고 이 말씀을 주셨던 것일까?

그런데 그 후 김 집사는 중동 사막 지역으로 해외발령이 났다. 그 과정에도 여러 간증이 있지만 나눌 수는 없고, 다만 김 집사가 그곳에 근무하기까지는 기적이라고밖에 말할 수 없는 여러 일이 있었음을 밝힌다. 북경에서 3년을 근무하고 또다시 중동에서 해외 근무를 하는 예는 극히 드물었기 때문이다.

그 기적과 같은 일들을 체험하며 사막 한가운데서 근무하게 된 김 집사는 그때부터 중동 지역 복음화를 위해 선교 사역에도 힘을 다해 헌신했다. 그곳에서 예배할 곳을 정해 매일매일 하나님을 찬양할 뿐 아니라 근로자들과 함께 예배를 드리며 하나님을 높이는 자로 살아갔다.

주여, 이 무익한 종에게

북경에서 마지막 밤을 보내고 태국으로 떠나는 날 아침이 되었는 데 자신의 집에 들러달라는 사람들의 요청이 이어졌다. 며칠 전부터 부탁했지만 시간이 안 맞아 못 갔던 터라 공항에 가기 전에 차례대로 들를 참이었다.

서둘러 짐을 챙기고 전 집사와 함께 두 군데 집을 들러 기도한 후 마지막 요청자의 집에 들어섰다. 집에 들어서자 찬양이 아름답게 흘러나오고 있었다. 주재원 중 한 분이어서 그런지 사는 모습도 고상하고 품격 있어 보였다.

"우리, 먼저 예배드릴까요?"

그곳에 모인 분들이 우리를 서재로 안내했기에 우리는 거기서 예배를 드렸다. 그런데 찬양하면서부터 이상한 기분이 들었다. 그곳에 모인 분 중 한 분에게서 자살의 기운이 느껴졌기 때문이었다. 그러나 내색하지 않고 다른 분부터 기도를 시작했다.

회칠한 무덤 같다!

아니, 이게 무슨 일인가? 이런 기도가 나오는 것은 처음이었다. 기도하면서도 나는 이게 뭔가 싶어 깜짝 놀랐다.

네가 겉은 반듯하나 속은 아니다. 네가 네 자녀를 그런 곳에 보내놓고도 내게 이러고 있느냐?

하나님의 분노를 감당할 길이 없어서 나는 기도를 멈추고 눈을 떠서 이분에게 물었다.

"이게 무슨 말씀이신지 저는 모르겠습니다. 어떻게 된 일입니까?"

그러자 이분이 덜덜 떨면서 답했다. 자기 자녀를 무신론 학교에 보냈는데, 그걸 말씀하시는 것 같다는 거였다.

오, 주여…. 일반 학교도 아니고 무신론 학교라니, 하나님이 없다고 대적하며 체계적인 이론을 가르치는 곳이 아닌가. 그런 곳에 자녀를 보냈으니 자녀가 점점 잘못된 길로 갈 수밖에 없었다.

"신앙은 언제든 생기는 거니까요. 저는 그렇게 생각하고…."

그 말에 더욱 기가 막혔다.

"집사님, 신앙은 저절로 생기는 게 아니에요. 신앙은 힘써 지켜야 하는 거예요. 저절로 생기는 것은 불신이지, 신앙이 아니랍니다."

조금이라도 더 명문학교에 보내려는 엄마의 욕심이 부른 결과였

다. 명문학교나 출세를 우상으로 삼고 사는 우리 시대의 모습을 그
분은 그대로 보여주고 있었다. 그런 분을 향해 하나님은 잠언 3장
말씀을 주셨다.

너는 마음을 다하여 여호와를 신뢰하고 네 명철을 의지하지 말라
너는 범사에 그를 인정하라 그리하면 네 길을 지도하시리라 스스
로 지혜롭게 여기지 말지어다 여호와를 경외하며 악을 떠날지어다

잠 3:5-7

나는 너무 안타까운 마음이 들어 그 분에게 물었다.
"집사님, 방언하시나요?"
"아니요."
"집사님은 방언을 받으셨으면 좋겠네요. 이 일은 영적인 일이기 때
문에 영으로 기도해야 합니다."

그때부터 우리는 하나님께 영으로 집중적으로 기도하기 위해 방언
을 달라는 기도를 함께했다. 그 집사님은 자신의 틀을 깨고 하나님
께 매달려 기도해야 할 사람이었다.

성령께서 그 기도에 응답하지 않을 이유가 없었다. 기도와 동시에
이분에게 회개의 통곡이 터졌고, 눈물, 콧물이 줄줄 흘러내렸다. 그
러자 이분의 혀가 꼬이기 시작하면서 방언이 유창하게 터져 나왔다.

나는 개인적으로 하나님께서 이분을 어떻게 들어 쓰실지 기대가

컸기에 북경을 떠나오면서도 이분에 대한 중보기도를 놓지 않았다. 그런데 그 후 이분이 교회에서 아이들의 진로와 관련된 사역을 사명으로 알고 잘 감당한다는 소식이 들려왔다. 아픔을 사명으로 바꾸시는 좋으신 하나님을 찬양하지 않을 수 없었다.

그 기도를 마치자 이번엔 자살의 기운이 느껴졌던 집사님과의 상담이 필요했다. 나는 이분을 위해 조용한 장소로 따로 가서 이야기를 시작했다.

"왜 그러시는지 말씀을 해보세요."

내가 그렇게 입을 떼자 이분은 선뜻 말을 못 하고 울기만 했다. 이분이야말로 일어설 힘이 하나도 없는 듯 보였다. 그래서 이분을 붙잡고 기도를 하는데, 그간 겪은 일이 말로 표현할 수 없을 만큼 처참하고 처절했다.

기도를 끝냈는데 내가 뭐라 말할 수가 없었다. 그저 "정말 마음 아프셨겠어요"라는 말밖에는… 그러나 그럴 때일수록 하나님을 붙잡고 일어서야만 했다.

"집사님, '주여'라고 해보세요."

'주여'라는 소리조차 이분은 내지 못했다. 신앙이 바닥을 치니 기도조차 할 수 없었던 것이다. 이분도 나도 너무 울어서 나중에는 목소리도 안 나왔지만, 결국 나는 이분을 붙잡고 악한 영들을 대적하는 기도를 한참 한 후 마무리 지었다.

그 뒤 어떤 한 분이 뒤늦게 오셨는데, 감사하게도 그 분은 하나님께 붙어 있는 신실하고 참된 가지였다. 나도 모르게 그 분에게 "감사합니다"라는 말이 나왔다. 만약에 그 분마저 어려운 상황에 처한 상태였다면 내가 탈진했을 것 같아서였다.

시간을 보니 오후 1시가 다 되어 있었다. 오전 10시부터 기도를 시작했으니 3시간 동안 기도한 셈이었다. 공항에 가야 할 시간이었다.

화장실에 들어가 눈물을 닦고 손을 씻었다. 사역을 다 마쳤다는 안도감이 밀려왔다. 그런데 그때 별안간 주님의 음성이 육성으로 들려왔다.

착하고 충성된 종아!

어, 주님…. 그 순간 나는 바닥에 고꾸라졌다.

"주님, 제가 여기 있습니다. 주님, 저를 주님 쓰시고 싶은 대로 마음껏 쓰십시오."

내 입에서는 나도 모르게 그 고백이 나왔다.

태국 선교지에서 힘이 들 때마다 "주님, 제가 마지막 날 주님 앞에 가면 착하고 충성된 종이었다고 칭찬해주실 거지요?"라고 기도했던 일들이 떠올랐다.

나는 내 인생이 끝나는 날에나 혹시 주님께 그 말씀을 들을 수 있을 줄 알았다. 그런데 주님께서는 인생의 마지막 날이 아니라 북경의 한 화장실에서 그 말씀을 내게 들려주셨다. 너무너무 감사하고 뭐라 표현할 수 없을 만큼 기뻤다.

그때부터는 주님의 음성이 무시로 들려왔고, 성령님과의 동행이 생생하게 이어졌다.

"주님, 태국으로 돌아가려면 방콕을 경유해서 하룻밤 자고 가야 하는데 방콕의 B선교사님이랑 전화 연락이 안 되네요."

그랬더니 주님은 "걱정하지 마라. 공항에 도착해 보면 B선교사가 나와 있을 것이다"라고 답해주셨는데 방콕 공항에 도착해 보니 정말 주님의 말씀대로 B선교사가 나와 있었다. 감사한 마음을 안고 선교사님의 집으로 가자, 이번엔 하나님께서 그 가정의 여러 일을 놓고 위로하게 하셨다.

도망치듯 가게 된 북경. 그곳에서 나는 내가 원해서가 아니라 주님의 뜻 가운데 다시 기도 사역으로 부르심을 받았다. 그때부터 나는 주님이 찾으시는 그 '한 사람'을 찾기 위해 태국에서는 선교 사역으로, 한국에서는 기도 사역으로 부르심의 뜻을 따라 달려가게 되었다.

3
PART

하나님을 만남으로
살아나라

성령을 소멸하지 말며

예언을 멸시하지 말고

살전 5:19,20

성령을 소멸하지 말며

예언을 멸시하지 말고

살전 5:19,20

06

한 사람을 견고하게 세울 때까지

한 사람을 위해 한 교회 안으로

북경에 다녀온 후로 남편도 입장을 바꾸어 내가 기도 사역을 하도록 적극 지지해주었다. 가정예배를 드리다가 자신을 위해 예언기도를 부탁하며 무릎을 꿇기도 했다. 성령께서 기도 사역에 대한 나의 부르심을 남편을 통해 확인시켜 주신 것이었으리라.

태국에서의 선교 사역도 활발하게 펼쳐졌다. 특히나 한국어 사역이 확장되면서 나에게도 일정 과정을 공부해 전문 자격증을 따야 할 필요성이 생겼다. 마침 서울대학교에서 외국인을 위한 한국어 교사 양성과정이 한 달간 열린다는 소식이 들려왔다. 구체적으로 사정을 아뢰며 기도하자 성령께서 누군가를 통해 필요한 학비도 보내주시며 길을 열어주셨다.

때는 2010년 7월. 드디어 나는 고국에 들어와 한국어 교사 양성과정에 참여할 수 있었다. 이때도 성령께서 여시는 길을 따라 공부도 하고 기도 사역도 해야 하다 보니 하루에 두세 시간밖에는 잠을 자지 못했다.

그런 중에 꼭 가보고 싶은 개척교회가 있었다. 대학 후배 부부가 섬기는 담트고길닦는교회(이하 담길교회)였다. 이 교회의 조혁진 목사님과 한근영 사모님은 우리 부부와 함께 캠퍼스 생활을 할 당시, '말씀과 성령'으로 충만한 영적 추억을 공유한 사이였다. 그래서인지 담길교회에서 함께 수요예배를 드리고 지난 몇 달간의 일을 나눌 때 성령께서 하시는 일에 대해 한마음으로 기뻐할 수 있었다.

우리가 나눈 이야기의 요지는 예언기도란 마치 한 영혼을 위한 응급처치와 같다는 것이었다. 위급한 환자에게 긴급수혈을 하듯 곤경에 처한 이들에게 하나님의 사랑을 긴급하게 수혈해주는 사역이라는 데 의견을 모았다.

이후 나는 목사님의 부탁으로 담길교회 금요기도회에서 선교 보고를 하며 말씀을 전했다. 말씀을 전한 후에는 목사님이 기도회를 진행하셨는데, 이때 성령께서 교인들 한 사람 한 사람을 위해 개별적으로 기도해주라는 감동을 주셨다.

"저는 저쪽 방에 가 있겠습니다. 기도 받기를 원하시는 분들이 있다면 목사님이 그쪽으로 한 사람씩 보내주세요."

기도회 도중에 내가 그런 말을 할 수 있었던 것은 예배 시작 전에 이미 목사님으로부터 "혹시 예배 도중 성령의 은사가 나타나면 제한

하지 않아도 된다”라는 허락과 부탁을 동시에 받았기 때문이다(물론 목사님은 성도들에 관해 어떤 정보나 언질도 주지 않으셨다).

여기서 잠깐 짚어야 할 부분은, 교회적으로 기도 사역을 하려면 반드시 교회 지도자의 사전 허락과 동의가 있어야 한다는 점이다. 예언 사역자와 교회 지도자 간의 영적 신뢰와 검증, 허락과 부탁이 선행되지 않으면 혹시라도 모를 거짓 가르침으로부터 성도들을 보호할 길이 없다. 예언은 오로지 교회의 덕을 세우기 위한 은사이므로[고전 14:4] 공적인 예언사역은 신중하게 접근할수록 좋다.

담길교회도 개척 이후 지금까지 방언이나 치유나 은사를 좇기보다는 말씀 사역에 올곧게 집중해 왔다. 그런 교회라서 필요한 때에 성령의 나타나심을 따라 “성령을 소멸하지 말며 예언을 멸시하지 말고”[살전 5:19,20]라는 말씀에도 말씀대로 따를 수 있었다고 믿는다.

그날도 나는 성령께서 주시는 감동을 따라 예배실을 나와 창고처럼 쓰는 작은 방으로 갔다. 여럿이 있는 곳에서 대놓고 기도하기보다는 기도 대상자와 따로 기도하는 게 상대방의 비밀도 보장되고 그 영혼에 더 깊은 터치도 할 수 있었기 때문이었다.

또한 그곳에서 기도하는 모든 내용은 녹음해서 교회 지도자에게 전달함으로써, 나중에 성도들이 기록된 하나님의 말씀으로 이 예언 기도의 내용을 점검하고 지도받을 수 있게 했다. 나는 기도하고 떠나면 그뿐이지만, 남겨진 영혼들을 말씀으로 양육하고 지도하는 것은 교회 지도자의 몫이기 때문이다.

그때 특별히 기억나는 한 사건은 기도하다가 나도 모르게 형제의 등짝을 한 대 때린 일이다(그런 일은 그때가 처음이자 마지막이었다). 음주 가무를 즐기는 것에 대한 긴박한 경고의 말씀이 기도 중에 나왔는데도 형제가 아무 생각 없다는 듯이 피식 웃어버리자 나도 모르게 눈을 떠서는 형제의 등을 때렸던 것 같다.

"형제, 웃을 일이 아니에요. 이렇게 계속 살다가는 죽는다고요. 정신 차려요."

그 일 이후 몇 년이 지나 담길교회에 들렀을 때, 그 형제가 환히 웃으며 내게 다가와 고맙다는 인사를 건넸다.

얘기를 들어보니 그 형제에게는 인사불성이 될 때까지 술을 마시다가 가끔 그런 상태로 운전하는 나쁜 습관까지 있었고, 그 때문에 교제 중이던 여자친구와도 자주 다퉜지만 음주운전 습관을 고치기가 쉽지 않았다고 한다.

그러다 한 날은 술에 취한 채 부모님의 집까지 운전하고 가서 자고 일어났는데, 차를 어디에 세웠는지, 어떻게 운전하고 왔는지조차 전혀 기억이 나지 않더란다. 그 순간 모골이 송연해지면서 '이러다 정말 선교사님 말씀대로 내가 죽겠구나' 싶었고, 그 덕분에 이후 몇 달 동안은 술 마시고 운전하는 습관만큼은 고치게 되었다.

그러나 그것도 몇 달 뿐이고 어느 날엔가는 친구들과 노래방에 가서 또다시 기억이 끊길 때까지 술을 마시고는 여자친구에게 셀카 사진까지 찍어 보냈다. 다음 날, 여자친구와 만나서 전날 찍은 사진을 함께 보게 되었는데 그 사진을 보자마자 다시는 술을 입에 대고 싶지 않을 만큼 술에 대한 혐오가 생겼다고 한다.

"노래방 갔던 일도 기억나지 않는데, 거기서 술 취해서 찍은 제 모습을 보니까 정말 너무 한심하더라고요. 저러다 내가 정말 죽겠구나 싶은 게 사실로 받아들여지면서 그때부터는 술 마시고 싶은 생각이 싹 사라졌어요."

성령께서 하시는 일이 얼마나 놀라운가. 그 형제는 이후 음주 가무를 완전히 끊은 것은 물론, 교회의 양육 속에 변화되고 성장하여 지금은 전도와 구제에까지 힘쓰는 담길교회의 신실한 일꾼으로 살고 있다.

한 사람에게 온 사역이 필요하다

하나님의 사역을 하는 사람이라면 이처럼 누군가의 변화와 성장에 관한 소식을 들을 때만큼 고맙고 감사한 순간이 없을 것이다. 그럴 때면 하나님의 경이로우심에 사로잡혀 그분을 더욱 찬양하게 된다.

하지만 그런 소식을 들을 때나 전할 때, 사역자나 성도 모두가 한 가지 주의해야 할 점이 있다. 사람을 변화시키는 주체가 누구이며, 변화에 대한 영광을 누구에게 돌리느냐는 것이다.

사람의 변화는 오직 주의 영이 나타나실 때 주님의 뜻을 따라 이루어진다. 한 영혼의 변화 앞에서 주목해야 할 분은 눈에 보이는 특정한 사역자가 아니라 오직 하나님이시다.

그럼에도 우리는 병 고침의 은사나 예언의 은사 등 눈에 보이는 신기한 현상에만 감탄하면서 마치 은사자의 어떤 능력이 내 삶을 달라지게 한 것처럼 사람을 주목하고 사람에게 영광을 돌리곤 한다.

어떤 사역자에게서 놀라운 은사나 신기한 능력이 나타난다 해도 그 모든 것을 행하시는 주체는 성령님이심을 잊지 말아야 한다. 모든 사역자는 다만 성령님이 하시는 일에 통로이자 도구로 쓰임 받는 존재일 뿐 주체자가 아닌 것이다.

더구나 특정한 사역만으로 한 영혼이 세워지는 경우는 어디에도 없다. "한 아이를 키우는 데 온 마을이 필요하다"라는 말처럼, 한 사람이 성장하는 데는 온 사역이 필요하다.

한 사람이 그리스도의 장성한 분량까지 자라나 그리스도의 일꾼으로 세워지려면 그에게 때마다 말씀의 꼴을 먹이는 설교 사역은 말할 것도 없고, 그 한 사람을 위한 중보기도 사역, 예언기도 사역, 제자훈련 등등 모든 사역의 균형 잡힌 협력이 있어야 한다는 것이다.

그러므로 한 사람에게 변화가 찾아왔다면, 그 영혼을 위한 여러 사역자들의 헌신이 있었고 이에 하나님께서 친히 그 영혼을 위해 때를 따라 변화의 은혜를 베푸셨다고 보는 것이 옳다. 한 사람의 변화와 성장은 수많은 퍼즐 조각이 모인 작품처럼, 수많은 이의 섬김을 받으신 하나님께서 친히 행하신 결과라 할 수 있다.

나는 이미 선교지에서 사람의 노력만으로는 한 영혼이 변화될 수 없다는 사실을 뼈저리게 경험하고 나는 아무것도 아님을 고백한 바

있다. 또한 누군가 차린 밥상 위에 슬그머니 숟가락을 얹고는 마치 자기 혼자 그 밥상을 다 차린 것처럼 공적을 가로채는 사역자로 인해 불면의 밤을 보내기도 했다.

그래서 나는 한국에 나와 교회적으로 기도 사역을 하다가도 초점이 하나님이 아니라 특정한 사람에게로 모이는 것 같으면 두려운 마음에 어디론가 도망쳐버리고 싶은 심정이 들곤 한다.

반면 철이 철을 날카롭게[잠 27:17] 하듯이, 하나님만을 바라보고 높이는 겸손하고 충성스러운 사역자들을 만날 때면 나도 한 영혼을 살리기 위한 영혼의 밥상 위에 하나님께서 주신 재료로 반찬 하나를 만들어 섬긴다는 심정으로 겸손히 기도 사역을 감당하게 된다. 그럴 때는 하나님께서 한 영혼을 아름답게 세우실 일에 대한 기대감으로 피곤한 줄도 모르고 꼬박 밤을 새워 기도하게 된다.

물론 그렇게 기도했어도 선교지로 돌아가면 기도했던 그 많은 내용은 거의 생각나지 않는다. 그 뒤로 어떤 열매를 맺게 되는지도 하나님께 맡길 뿐, 굳이 알아보려고 수소문하지도 않는다. 다만 하나님께서 전하라는 메시지를 잘 분별해서 전달했을지 두려운 마음으로 돌아볼 뿐이다.

그런 내게 한 자매님이 그간의 기도 사역과 관련된 이야기를 간증문처럼 적어서 보내줬는데 성령께서 얼마나 세세하게 말씀하시는지, 또한 이러한 기도의 방향성이 어떠해야 하는지를 알 수 있어서 여기에 소개해본다.

나를 살리신 하나님의 음성

대학 시절, 언니의 전도로 교회에 잠시 다녔던 나는 결혼 후 예수님을 떠나 살았습니다. 예수님을 떠나 살아도 인생길은 순탄한 것처럼 느껴지더군요.

남편은 그 사이 학위를 다 마치고 취직했으며, 나는 중학교에서 교사 생활을 하다 딸아이와 아들을 낳고 육아 휴직을 한 상태였습니다. 엄마들이 대부분 그렇듯, 나 역시 내 자녀를 세상에서 경쟁력 있는 아이로 키워보겠다는 열망으로 각종 육아 지침서와 정서발달, 심리학에 관한 책들을 읽으며 양육에 온 힘을 기울였습니다.

그러던 중 네 살 된 아들에게 발달 면에서 이상이 있다는 것을 알게 되었습니다. 자기 관심사에만 몰두하며 타인들에 대해서는 도통 관심을 나타내지 않는 아들이 이상해서 병원을 찾았더니 아이가 발달에 심각한 일탈을 보인다고 했습니다.

그런 현실을 두고 우리 부부는 앞으로 어디를 향해 어떻게 가야 할지 너무나 막막했습니다. 아들의 장애에 관한 정보를 찾아 읽다가 미친 여자처럼 엉엉 울부짖었던 시간들을 어떻게 잊을 수 있을까요?

그러다 문득, 대학 시절 언니를 따라서 다녔던 교회에서 들은 복음이 생각났습니다. '예수님이 아니면 안 되겠구나' 하는 생각이 막연하게나마 일기 시작했습니다. 그리고 '이런 교회라면 다닐 수 있겠다'라는 마음에 담길교회에 나가게 되었습니다.

최문정 선교사님을 만났던 2010년 8월은 우리 가족이 교회에 나간 지 1년이 채 안 되었을 때였습니다. 그 사이 우리 부부는 교회의 보살핌과 기도 속에서 조금씩 믿음이 자라고 있었지만, 아이 양육에서 비롯된 고단함과 스트레스로 나는 구안와사(口眼喎斜, 입과 눈이 한쪽으로 틀어지는 병으로 중풍 증상의 하나)까지 온 상태였고, 남편 역시 믿음의 길로 발걸음을 옮기기는 했지만, 그 발걸음은 어린아이의 그것처럼 연약하기 그지없을 때였습니다.

그런 우리를 향해 선포되는 선교사님의 기도 내용은 너무나 섬세하고 따뜻하게 마음 안으로 스며들었습니다. 우리가 초신자인 데다 갈 바를 모르고 지쳐 있는 상태였기 때문에 하나님께서 특별히 섬세하게 그분이 어떤 분이신지 가르쳐주시며 사랑을 쏟아부어 주신 것 같습니다.

최 선교사님은 그때뿐 아니라 그 뒤 한국에 나올 때마다 우리 가정을 위해 기도해주셨고, 그때마다 하나님은 우리 가정을 놀랍게 세워주셨습니다. 여기에 다 소개할 수 없지만, 남편과 내가 기도를 받았던 내용과 당시 느낀 점을 몇 가지로 나누어 요약하면 다음과 같습니다.

1. 돌아온 탕자를 100퍼센트 수용하시는 아버지의 인격

교회에 다니면서 남편과 나는 스스로 '돌아온 탕자'라 말하곤 했습니다. 언제부터인가 스스럼없이 교회를 등졌을 뿐 아니라, 이 종교 저 종교를 힐끗거리며 영적인 방종을 일삼았던 내 모습을 스스로 잘 알았으니까요. 그런 나를 향한 주님의 첫마디는 이와 같았습니다.

너 알아? 내가 많은 시간 동안 너를 기다리고 있었던 거. 네가 나를 향해서 거절의 손사래를 칠 때도 나는 너를 기다리고 있었어. 내가 주고 싶은 마음은 평안이거든. 두려워 떨지 마. 두려워하지 마. 절대로 두려워하면 안 돼. 내가 너와 함께할 거야. 놓지 않을 거야.

이 말씀에 나는 아버지의 완전한 인격 안에 안겨 있는 어린아이로 돌아올 수 있었습니다. 탕자로 살다 돌아온 작은아들을 안아주시는 아버지의 품이 얼마나 넓은지 한순간에 깨달아졌을 뿐만 아니라, 영적 배반에 대한 죄책감이 씻어지면서 하나님에 대한 두려움이 사라지고 품에 안긴 자의 기쁨이 솟으며 찬양과 감사가 생기기 시작했습니다.

2. 남아 있는 불신에 대한 대적기도

그러나 이런 껴안으심 후에는 영적으로 악한 것들에 대해 대적하는 기도의 말씀을 듣게 되었습니다. 당시에는 조금 놀라기도 했지만, 지금 돌아보면 그때 우리의 영적 상태에 비추어 볼 때 가장 필요하고 절실한 기도였기 때문에 성령 하나님께서 기도를 그렇게 이끌어주신 것 같습니다. 그 당시 남편을 향한 기도 중에는 이런 내용이 있었습니다.

생각이나 사상, 이념 등 하나님을 생각하지 못하게 하는 옛날의 모든 것은 나사렛 예수의 이름으로 (명하노니) 다 떠나갈지어다. 새롭게 될지어다. 이전 것은 지나갔으니 보라 새것이 되었도다[고후 5:17]

기도 후, 남편의 변화는 놀라웠습니다. 남편은 믿음으로 가는 길에 막힌 담, 자기가 세워놓은 막힌 담을 하나님이 확 헐어버리시는 것 같았다고 했습니다. 범신론적 분위기에서 성장한 데다 대학 때는 유물론과 무신론의 영향을 강하게 받았던 남편이었습니다.

게다가 공학도여서, 하나님을 믿기로 작정하고도 성경에 계시된 하나님을 자신의 이성과 과학적 지식으로 검증해가며 선택적으로 받아들이던 중이었습니다. 그런 남편에게 이런 말씀이 임했습니다.

"우리 생각으로 이해되지 않는 것들이 있다는 것을 인정하고, 하나님의 크심을 인정하라고 하십니다. 크신 하나님을 내 작은 머리로 이해하려 하면 안 된다고 하십니다. 생각을 하나님 앞에 다 내어드리라고 하십니다. 그러면 하나님께서 하나님의 것들로 채우신다고 하십니다."

이 말씀은 남편으로부터 깊은 회개를 이끌어냈습니다. 남편은 소리 내어 엉엉 울었고, 그로부터 한동안 눈물이 멈추지 않았습니다.

회개는 성경을 보는 눈을 여는 열쇠가 되었습니다. 남편이 성경 속에 계시된 하나님을 온전히 믿고 따르게 되면서 우리 가정에서도 아이들과 함께 드리는 예배와 찬양이 시작되었습니다.

3. 아들을 사랑하시고 양육하시는 하나님

우리에게 가장 절박한 일은 아들에 관한 기도였습니다. 너무 절박했기에 어떤 면에서는 기도가 잘되지 않았습니다. 어떻게 기도해야 할지, 기도하면 응답이 될지에 대한 믿음도 희미했습니다.

아들의 연약함을 처음 알았던 시기도 힘들었지만, 많은 노력을 기울여도 쉽게 변화되지 않는 것 같은 아들 앞에서 나는 종종 무기력과 무능함을 느껴야 했습니다. '아직도 이것이 안 되네. 이럴 땐 이렇게 반응해주면 좋겠는데…'라는 마음이 지속적으로 쌓이면서 몸과 마음은 쉽게 피곤해졌습니다.

"이 일이 있는 것이 재앙이 아니라고, 평안을 주시기 위한 것이라고 하십니다. 그 아이가 하나님 앞에 얼마나 사랑스러운 아이인지 아느냐고 하십니다. 놀랍지 않냐고, 그 아이가 '예배!', '교회 가!' 하는 말이 기적이 아니냐고 하십니다. 그 아이가 이 가정의 보석이라고 하십니다.

구원을 이루기 위한 하나님의 도구라고, 그런 아이를 낳았다고 하십니다. 믿음으로 하나님을 바라보고 믿음으로 키워내라고 하십니다. 이 아이는 네 마음의 눈물이 아니라 보석 같은 아이가 될 거라고 하십니다. 이 아이가 아무것도 못 할 것 같은 아이로 보이냐고, 그렇게 생각하지 말라고, 하나님이 하신다고 하십니다.

우리 생각과 하나님의 생각은 다르다고 하십니다. 하나님의 깊고, 넓고, 높음을 어떻게 알 수 있겠냐고 하십니다. 그 아이를 네게 맡긴다고 하십니다. 맡기는 것이기 때문에 잘 양육해달라고 하십니다. 머리에 손을 얹고 아이에게 날마다 기도하라고 하십니다. 하나님의 영이 임하고 그 세포들이 모두 정상적으로 회복되게끔 그렇게 기도하라고 하십니다. 하나님이 함께하시니까 염려하지 말라고 하십니다."

아들을 향한 하나님의 뜻과 마음은 긴 장마 끝의 햇볕처럼 나의 마음을 깊고 따스하게 감싸주었습니다.

'아들의 아버지가 하나님이시구나. 그 하나님께서 이 아이를 기쁘게 여기시는구나. 이 아이를 통해 우리에게 평안을 주고자 하시는구나. 나의 하나님, 내 아들의 하나님께서 내게 눈물이 아니라 보석을 주고 싶으셨구나.'

이것이 확실하다면, 더 이상 근심하며 아이를 키울 이유가 없었습니다. 소망으로 기뻐하며 아이를 키우면 되는 것이었습니다. 그러면 하나님께서 이 아이를 쓰실 것이고, 이 아이도 가치 있는 존재로서 제 몫의 인생을 살아낼 수 있을 것이라는 확신이 생겼습니다.

마치 베드로가 성전에 앉은 앉은뱅이의 손을 잡고 일으켰을 때 그의 발과 발목이 힘을 얻었던 것처럼, 내 안에도 탄탄한 영적 근육이 생기는 걸 느낄 수 있었습니다. 나는 양육의 힘을 공급받았습니다. 그 때문인지, 그 이후에 어려운 일이 계속 있었어도 언제나 소망을 품으며 다시 일어설 수 있었습니다.

1년 뒤 선교사님이 다시 우리 교회에 오셨을 때는 남편에게 아이 양육에 관해 이런 기도를 해주셨습니다.

"아들을 바라볼 때, '어휴 이 녀석이~! 어떡하지? 어떻게 해, 어쩌다가!' 그 시선으로 바라보지 말고 '하나님, 감사합니다. 주신 것 감사합니다. 하나님, 어떻게 하시겠습니까? 하나님, 도우실 줄 믿습니다. 아멘' 하고 아이를 쳐다보라고 하십니다. 그러면 그 아이가 짐이 아닌 기쁨으로 다가올 것이라고 하십니다. 그 아이를 '이삭'이라고 부르라고 하십니다. 기쁨을 주는 자, 내게 기쁨인 자. 내가 어떠한 잘못을 해서 그런 아이를 낳은 게 아니라고 하십니다.

하나님의 큰 계획을 네 작은 머리로 어떻게 다 헤아릴 수 있겠느냐고 하십니다. '내 아들아, 네가 내 아들이어서 너무 행복하다' 그런 표정과 마음으로 저 아이를 안아주라고 하십니다. 점점 좋아질 거라고 하십니다. '내가 유복하고 아무런 어려움 없이 자랐기 때문에 다른 사람들의 아픔들을 알지 못했는데 이제 하나님의 메시지가 되어 다른 사람의 아픔을 돌아볼 수 있게 된 것'에 감사하며, '하나님의 메시지를 받게 된 걸 감사합니다' 하는 마음으로 아이를 바라보고 안아줄 때 아이가 점점 좋아질 거라고 하십니다.

물에 얼굴을 비추면 사람의 얼굴이 비치듯이 사람의 마음이 서로 비친다고 하십니다. 그 아이가 모를 것 같으냐고 하십니다. 그런 마음으로 안아주고 '이삭아, 너는 나의 기쁨이다'라고 말해주라고 하십니다. 아이의 활짝 웃는 모습을 보게 될 거라고 하십니다. 잊지 말라고 하십니다. 그 아이가 하나님의 메시지라는 사실을."

하나님은 친히 이 아들을 양육하고 계셨습니다. 우리에게 맡기셨지만, 아들을 어떻게 키워야 하는지, 어떤 마음과 어떤 눈으로 키워야 하는지를 그분이 직접 알려주고 계셨습니다. 심지어 언제 품어주고, 언제 분명하게 훈계해야 하는지에 관한 내용도 있었습니다.

그 덕분에 나는 야단만 치면 자기만의 세계로 숨어버리며 불안에 떨던 아들을 이제 분명한 기준을 가지고 때를 따라 지혜롭게 훈계할 수 있었습니다.

4. 가정을 세우시는 하나님

아들만이 아니었습니다. 기도 속에는 큰딸에 대한 세세한 당부도 있었습니다. 아들에게만 관심이 쏠린 나머지 딸아이에게 짐을 지우거나 소외시키지 말라는 내용이었습니다.

또한 우리 부부 사이에 일어나는 일을 짚으시며 사랑과 하나 됨을 강조하셨습니다. 사실, 이런 일을 겪은 부부들은 매우 극한 갈등 상황에 놓이게 됩니다. 서로에게 애정으로 집중하기가 어렵고 서로를 향한 원망이나 불평이 높아지게 되니까요. 서로 힘들다 보니 사소한 말 한마디도 곱게 나가지 못할 때가 많습니다.

그런데 주님은 그 사소한 말 한마디까지 터치하셨습니다. 가령, 평소 자기 감정이나 생각을 표출하려 하지 않고 그것을 속으로만 묻어두려는 남편에게 내가 "말을 해!"라며 다그치는 부분에 대한 권면이 그것이었습니다.

"남편에게 다 알고 있다고 눈짓만 한 번 해주면 된다고 하십니다. 말하라고 이렇게 다그치지 말라고 하십니다. 그것이 남편 마음에 참 부담스럽다고 하십니다. 사랑하는 아내 때문에 자신을 아내에게 맞추는 남자, 그 남자를 끝까지 사랑하라고 하십니다. 그 사랑, 내게서 오는 것이 아니라 하나님이 주시는 그 사랑으로 사랑하라고 하십니다. 귀히 여기고 존중할 때 하나님께서 사람들 가운데서 덕망 있는 자, 사회에서 잘나가는 자로 만드실 것이라고 하십니다.'

남편에게도 마찬가지였습니다. 내게 가장 필요한 것, 내가 남편에게 가장 원하는 것들을 말씀하고 계셨습니다.

"주님께서 주신 아내를 사랑하고, 그 아내를 칭찬해주고 위로해주고 사랑하라고 하십니다. 이미 많은 것을 하고 있지만, 더욱더 하나님 앞에 그런 것을 하라고 하십니다."

우리 부부는 마치 하나님 아버지 앞에서 내밀한 상담을 받는 듯했습니다. 그 하나님은 살아 계신 분이셨고, 바로 지금 현실 속에서 우리와 동행하시는 분이셨습니다. 죽은 뒤에 천국에 가야 만나는 분이 아니라, 남편과 사랑하며 사는 오늘 이 삶 속, 아들과 딸을 양육하는 그 현장 안에 계시는 분이심을 알게 되었습니다.

5. 예언기도는 이정표였다

2012년 5월, 우리 가족은 또 다른 고비를 넘기고 있었습니다. 아들은 두어 달 동안 밤낮이 바뀌어 밤에 잠을 안 잤고, 어린이집 선생님이 바뀌면서 새로운 환경에 적응하기 힘들었는지 자주 우울해하며 불안해했습니다.

그런 중에 나는 교사로 복직해서 몇 년 만에 시작된 학교생활과 육아를 병행하느라 날마다 전쟁터에 사는 듯했습니다. 퇴근 후 최선을 다해 아이를 돌봐주던 남편도 그즈음에는 심신이 완전히 지쳐 있었습니다.

그래서였는지 그달에 잠깐 한국에 나오셨던 최 선교사님은 태국으로 가기 위해 공항에 가던 중 우리 교회 목사님, 사모님과 함께 우리 집에 갑작스레 들르셨습니다. 아마도 목사님 부부의 요청으로 들르신 듯했습니다.

나는 학교에 출근한 상태였고 남편은 그날 육아를 위해 하루 휴가를 내고 집에 있었습니다. 그날 선교사님과 목사님, 사모님은 남편과 함께 한 시간 가까이 기도하다 가셨다고 했습니다.

기도는 "힘을 내자고 하십니다"라는 말씀으로 시작되었습니다. 우리가 지금은 다른 사람보다 더 깊은 눈물의 골짜기를 지나는 것 같지만, 하나님께서 함께하시기에 골짜기를 지나면 시온의 대로가 열린다는 말씀, 그리고 이 골짜기를 지나야만 더 어려운 사람들을 돕는 사명을 이룰 수 있다는 말씀도 이어졌습니다.

잘되어가고 있는 과정이니 염려하지 말라는 말씀, 아이는 계속 좋아질 것이니 머리에 손을 얹고 날마다 축복기도를 해주라는 말씀도 있었습니다. 아이를 유치원에 맡긴 채 내가 직장생활을 하는 것에 대해서도 "네가 감당할 사명 가운데 이루어진 일이니 잘하고 있다"라고 하셨습니다.

무엇보다 그날 선교사님은 "집사님, 기도하셔야 합니다. 부르짖어 기도해보세요. '주여!' 하고 외쳐보세요"라고 하시더니 남편이 1년 전부터 소원했던 방언을 달라고 함께 기도하셨고, 그렇게 기도하던 중 남편은 마치 고압전기에 감전된 것 같은 느낌을 받으면서 방언을 받게 되었습니다.

그날 이후 8개월이 지났습니다. 그 사이 우리 가정에는 많은 일이 일어났습니다. 날마다 전쟁을 치르던 내 마음에 평안과 기쁨이 있음을 봅니다. '어떻게 내가 이렇게 평안하지? 어떻게 내가 매일 이렇게 기쁠 수 있지?' 하고 스스로도 놀랄 때가 많습니다.

남편에게도 변화가 찾아왔습니다. 5분 기도하기도 힘들다고 말했던 남편이 새벽기도를 다니며 우리 가정을 주님께 의탁했습니다. 아이의 어려움을 알게 되면서 급격하게 벌어졌던 우리 부부의 관계도 말할 수 없이 회복되었습니다. 딸아이는 또래 다른 아이들보다 더 명랑한 공주님으로 지내고 있고, 아들도 한층 성장했습니다.

무엇이 우리에게 이런 변화를 가져다주었을까요? 나는 지난날 주님이 선교사님을 통해 들려주신 말씀들을 다시 살펴보면서, 그 물음에 대한 답을 이렇게 말하고 싶습니다. 그 기도는 우리에게 삶의 이정표가 되어주었다고. 세상이 가리키는 방향과는 달랐지만, 그 이정표를 보며 한 걸음 한 걸음 걷다 보니 어느덧 눈물의 골짜기를 지나올 수 있었다고 말입니다.

6. 예언기도의 궁극적인 방향은 교회와 말씀이었다

처음 선교사님에게 기도를 받던 날 느꼈던 놀라움을 어떻게 표현할 수 있을까요? 하나님께서 나를 아시고, 정말로 내 안에, 또 나와 함께 그곳에 계셨다는 깨달음…. 그것은 예배로 나아가는 내 마음의 태도를 바꿔주었습니다. 살아 계신 하나님을 내 눈앞에서 느끼고 나서 드리는 예배는 이전과는 다를 수밖에 없었습니다. 마음이 부드러워지고 뜨거워졌습니다.

그러나 돌이켜 생각해보면 이런 고백만큼 어리석은 고백이 어디 있을까 싶습니다. 나는 임마누엘의 하나님, 여호와 삼마(겔 48:35, '여호와께서 거기에 계신다'라는 의미)의 하나님을 그동안 성경을 통해, 담임목사님의 설교를 통해 숱하게 들어왔습니다.

그런데 나를 향해 쏟아진 예언의 말씀들을 듣고 나서야 무릎을 치면서 '아하, 그러셨군요!'라고 고백하는 것은 내가 평소 말씀을 묵상하고 설교를 듣는 데 얼마나 둔감했는지를 나타내는 반증이었습니다.

남편을 깊이 사랑하고 세우라는 예언의 말씀을 들을 당시, 우리는 교회에서 좋은 권위에 의해 세워진 질서와 순종의 필요성에 대해 훈련받는 중이었습니다. 목사님의 설교와 가르침 등을 통해 이루어지고 있었는데, 이 과정에서 나는 특별히 가정 안의 질서에 대한 권면을 많이 받았던 것 같습니다.

그즈음 묵상하던 성경 본문도 에베소서 5장으로 가정의 질서에 관한 것들이었습니다. 그런데 예언기도를 통해 남편을 세우라는 메시지를 듣게 되니 내가 얼마나 놀랐겠습니까?

나는 이 일을 통해 교회가 하나님의 것이고 하나님께서 교회 공동체를 통해 내게 필요한 말씀을 이미 많이 하셨다는 것을 알게 되었고, 은밀한 중에 묵상과 기도를 할 때도 성경에 쓰여 있는 그대로, 말씀으로 내 발에 등을 켜고 삶을 인도하고 계셨다는 것 또한 깨달았습니다.

처음 예언기도를 받고 며칠 만에 이런 생각들을 교회 청년과 나누었을 때 그 자매 역시 내게 이렇게 말했습니다.

"맞아요. 저도 그렇게 느끼고 있었어요. 목사님을 통해 주셨던 메시지가 예언기도 중에 똑같이 임한다는 거예요. 성령님은 같은 분이시니까 당연한 건데 왜 그걸 여태 몰랐을까 싶어요."

아마도 기도를 받았던 우리 교회 지체들은 모두 이 사실을 알았을 것입니다. 그래서 우리는 예언기도를 통해 주시는 하나님의 위로와 권면에 감격하고 감사하면서도, 동시에 더 이상 예언기도의 신비로움만을 묵상하지 않게 되었습니다. 이미 교회 안에서 설교 중에, 또는 교제 중에, 혹은 각자의 말씀 묵상 중에 하나님께서 우리 모두에게 말씀하고 계심을 알게 되었으니 말입니다. 그래서 우리는 더욱 예배와 말씀과 기도 생활에 집중하게 되었습니다.

최문정 선교사님의 기도 사역은 우리를 거기까지 안내하고 있었습니다. 그래서 선교사님의 사역이 참 귀하다는 생각이 듭니다. 말씀 안에 이미 답이 있다는 사실과 교회 공동체 안에 성령의 운행하심이 충만히 임하고 있다는 이 사실을 우리에게 알려주고 있었으니 말입니다.

-담트고길닦는교회 H자매

예언은 이미 교회 공동체에도

나는 두 차례에 걸쳐 담길교회에서 모든 지체를 위해 기도 사역을 했고, 그 후로는 교회를 방문할 때마다 목사님의 요청이 있거나 기도가 꼭 필요한 분들에게만 비공식적으로 기도를 했다.

교회가 예언을 제한하지 않되 지나치게 의지하지도 않았기 때문에 가능한 일이었다. 만약 내가 그 교회에 갈 때마다 교인들이 기도해달라며 줄을 서거나 기대에 찬 눈으로 나를 쳐다봤다면 성령 하나님께서도 기뻐하지 않으셨을 것이고 나 또한 압박과 두려움에 도망쳐버렸을 것이다.

여러 곳에서 다양한 사람들을 만나는데 어떤 이는 일종의 은사 중독처럼, 때마다 예언기도를 받아야만 갈 길을 찾을 수 있는 듯이 말하기도 한다. 자신이 듣고 싶은 말을 들을 때까지 이 사역자 저 사역자를 찾아다니는 사람도 있다.

심지어 어떤 사람은 나를 아는 지인들에게 전화번호를 수소문해서는 선교지까지 전화를 걸어와 기도를 요청하기도 한다. '오죽 절박했으면 그럴까'라는 생각도 들지만, 그럴 때면 말문이 막힐 수밖에 없다. 은사자를 찾아 기도 받고 싶어 하는 그 절박함으로 성경을 펴서 직접 부르짖는다면 하나님께서 얼마나 기뻐하시며 예언의 말씀을 그 귀에 정확하게 들려주시겠는가.

그런 면에서 H자매님의 간증 중 예언기도의 궁극적인 방향에 관해 언급한 여섯 번째의 내용은 매우 중요하게 다루어야 할 사항이다. 은사자를 통해 전달되는 예언기도의 궁극적인 방향은, 성도들이 교회 공동체 안에 이미 임한 예언의 말씀을 다각도로 듣고 분별하면서 직접 성경을 펴서 읽고 기도하는 사람으로 성장시키는 데에 있다. 이걸 알리기 위해 나는 사람들에게 종종 권한다.

"자꾸 예언기도를 받으려고 하지 마세요. 한두 번 경험했다면 그때부터는 본인이 직접 말씀 보고 기도하며 영적으로 견고하게 서도록 하세요."

앞서 말한 대로 예언사역은 '응급처치'와도 비슷하다. 기가 막힌 웅덩이에 빠져서 기도조차 하지 못하는 사람, 혹은 아직 믿음이 연약해서 하나님 말씀을 알아듣지 못하는 영혼, 자신의 욕심이나 욕망에 눈이 어두워 하나님 음성을 듣지 못하는 영혼에게 폭풍 같은 권면이나 따스한 위로를 전함으로 온전하게 서도록 돕는 기도이기 때문이다.

따라서 인생의 골짜기 어디쯤에서 성령의 나타나심을 따라 주어진 예언기도는 영혼의 성장을 위해 매우 유익하다 하겠지만, 때마다 이러한 기도의 도움을 받아야만 전진할 수 있다는 의존적 자세로 접근한다면 오히려 영적 성장에 방해가 될 수도 있을 것이다.

사람이 살다 보면 병원 응급실의 도움을 꼭 받아야 할 때가 있지만, 그렇다고 기침 한번 하고 열이 조금 난다고 해서 매번 응급실로 직행하는 건 좋지 않은 것과 마찬가지다. 급한 경우가 아니라면 아플 때 보통은 병원 응급실보다 병원 진료의 정식 절차를 밟아 치료받는 게 옳지 않은가.

*p.s 이 고백을 한 지 10년쯤 지난 현재, H자매님은 중학교 교사를 그만두고 상담학 박사가 되어 아픔을 겪는 많은 사람을 돕고 있다. 이 고통의 골짜기를 지나야 더 많은 사람을 도울 수 있다는 성령 하나님의 위로와 권면을 듣고 순종하며 살아온 그 가정의 열매가 참 아름답고도 귀하다.

07

바람이 불고 창수가 나도

진정으로 구해야 할 것

고난에 대한 세속적 시각 중의 하나는 고난 없는 인생이 가장 복 받은 인생이라는 것이다. 그러나 성경은 전혀 다른 관점을 제시한다. 하나님이 고난을 통해 우리를 깊이 만나주시고, 정금처럼 빚어가며 성장시키신다는 점에서, 고난이 없다기보다 오히려 많은 고난 속에서 하나님의 구원을 경험한 인생이 더 복되다고 말한다.

의인은 고난이 많으나 여호와께서 그의 모든 고난에서 건지시는도다 시 34:19

그렇다면 어떻게 해야 인생에서 만나는 무수한 고난으로부터 건

짐 받는 복된 인생이 될 수 있을까?

나는 성경 사복음서에서 그 답을 찾았다. 더 정확히 말하면, 온갖 고난이 자신의 삶에 덮쳐올 때, 그것을 들고 '예수님에게로 나아온' 믿음의 사람들에게서 그 답을 찾았다.

저물매 사람들이 귀신 들린 자를 많이 데리고 예수께 오거늘 예수께서 말씀으로 귀신들을 쫓아내시고 병든 자들을 다 고치시니 이는 선지자 이사야를 통하여 하신 말씀에 우리의 연약한 것을 친히 담당하시고 병을 짊어지셨도다 함을 이루려 하심이더라 마 8:16,17

성경에는 고난받는 인생이 예수님에게 나아감으로 고통의 문제를 완전히 해결 받은 사례가 많이 등장한다. 그런데 그 많은 이야기 속에서 예수님이 병을 고치시는 방법은 제각기 달랐다.

같은 맹인이라 해도 바디매오에게는 "가라 네 믿음이 너를 구원하였느니라"막 10:52라고 달씀만 하시자 그가 곧 보게 되었그, 벳새다의 맹인은 그의 눈에 침을 뱉고 안수하심으로막 8:23,25 보게 하셨다. 마태복음 9장의 두 맹인은 그들의 눈을 만져서마 9:29 고쳐주셨고, 날 때부터 맹인 된 어떤 사람에게는 땅에 침을 뱉어 진흙을 이겨 그의 눈에 바르시고 실로암 못에 가서 씻으라 하심으로요 9:6,7 고치셨다.

병을 낫게 하시는 예수님의 접근법은 다 달랐다. 이는 예수님이 쓰신 어떤 특정한 방법이 고통의 문제를 해결하는 근원은 아니었다는 것을 알게 해준다.

병이 낫는 것을 포함해 모든 인간의 한계를 해결하는 근원적인 요인은 예수님이 행하신 행위나 동작에 있는 게 아니라 예수님의 존재론적 특성에 달려 있었다. 하나님의 아들이신 예수님이 친히 우리의 연약한 것을 담당하고 짊어지셨기 때문에 사람들이 예수님에게 나아갈 때 나음을 입었다고 할 수 있다.

그러므로 고난의 문제가 닥쳐올 때는 '주님께서 과연 어떤 방법으로 이 고난을 풀어주실까'에 집중할 것이 아니라 우리의 연약한 것을 친히 담당하셔서 우리에게 나음을 주실 예수님에게로 반드시 나아가야 한다.

주님께로 나아가되, 각각의 치유 현장에서 우리에게 요구되는 한 가지를 반드시 장착하고 나아가야 하는데 그게 무엇일까? 바로 '믿음'이다. 믿음으로 주께 나아갈 때 고난에서 건짐 받을 수 있다.

그들의 믿음을 보시고 중풍병자에게 이르시되 작은 자야 안심하라 네 죄 사함을 받았느니라 마 9:2

네 믿음이 너를 구원하였다 하시니 마 9:22

그들의 눈을 만지시며 이르시되 너희 믿음대로 되라 하시니 마 9:29

친구의 믿음이든, 부모의 믿음이든, 본인의 믿음이든, 고통과 고난의 문제를 예수님이 풀어주실 때 그분이 우리에게 요구하시는 한 가지 필요조건은 바로 '믿음'이다.

내가 진실로 너희에게 이르노니 누구든지 이 산더러 들리어 바다에 던져지라 하며 그 말하는 것이 이루어질 줄 믿고 마음에 의심하지 아니하면 그대로 되리라 그러므로 내가 너희에게 말하노니 무엇이든지 기도하고 구하는 것은 받은 줄로 믿으라 그리하면 너희에게 그대로 되리라 막 11:23,24

고통과 장벽의 산, 겉치레가 무성한 자아숭배의 산을 바다에 던져 없애는 데에도 믿음이 필요하다고 하신다. 비록 그 믿음이 겨자씨만 하다 할지라도 먼저 믿음이 있어야 돌파가 일어난다는 것이다.

따라서 고난의 때를 포함해 인생의 순간마다 항상 우선적으로 구해야 할 것은 '문제 해결 방법'이 아니라 우리의 '믿음'이다. 오직 주님만이 이 모든 일을 주관하시며 해결하실 것이라는 믿음이 있어야 고난의 문제를 주님께 들고 나아가 그분이 하시는 일을 볼 수 있다. 그럴 때라야 비로소 고난이 우리에게 축복이 된다.

성령께서는 내가 예수님을 갓 믿기 시작한 열아홉 살 때부터 이것을 강조하셨다. 어려운 일을 만날 때마다 다른 무엇을 구하기에 앞서, 나의 믿음 없음을 안타까이 여기며 믿음 주시기를 구했던 것은 그 때문이다.

성령께서는 이 고난을 풀어가시는 주체가 내가 아니라 하나님이심을 믿는 믿음이 선행되어야 함을 항상 일깨우셨다. 결국 그런 믿음이 주어질 때 나는 내가 처한 고난의 문제를 내가 풀어보려고 애쓰는 대신, 하나님 앞에 나아가 하나님과 씨름하는 일에 몰두할 수 있었다.

그것은 기도 사역을 하기 위해 고난 중에 있는 한 영혼을 만날 때도 마찬가지였다. 성령께서는 항상 그 영혼에게 믿음이 있는지를 먼저 보게 하셨다. 믿음이 없다면 복음 전하기를 주저하지 않게 하셨고, 믿음이 조금이라도 있다면 믿음이 더 자라도록 격려하게 하셨다. 오직 믿음만이 우리가 그토록 끙끙대며 신음하는 고난보다 더 크다는 것을 그에게 전하게 하셨다.

믿음이 뭐길래

믿음이 무엇이길래 믿음이 태산보다, 우리를 가로막는 거대한 문제보다 더 크다 하실까? 믿음이 대체 뭐길래 하나님은 시시때때로 고난을 만나며 살아가는 우리에게 믿음만이 살길이라고 강조하시는 걸까?

무릇 하나님께로부터 난 자마다 세상을 이기느니라 세상을 이기는 승리는 이것이니 우리의 믿음이니라 요일 5:4

믿음은 예수 그리스도를 신뢰하는 것

믿음의 출발은 우리 믿음의 대상이신 하나님을 신뢰하는 것이다. 더 정확히 말하면 하나님께서 보내신 예수 그리스도의 구속하심을 믿는 것이다. 이 출발조차 없다면 믿음으로 사는 삶을 살기란 애초에 불가능하다. 하늘과 땅이 만날 수 없듯이 본질적으로 죄인인 우리는 거룩하신 하나님과 간날 수 없다. 하나님을 만날 수 없으니 인간은 인간의 한계에 갇힌 채 살아간다. 특히나 죽음이라는 한계 앞에서는 속수무책일 수밖에 없다.

그런데 예수 그리스도로 인해 본질적으로 다른 두 존재의 만남이 가능해졌다. 예수님이 십자가에서 우리의 죗값을 지불하고 죽으심으로, 누구든지 이를 믿는 자마다 죽음의 권세를 이기고 영생을 얻게 되었다. 죄인인 우리가 거룩하신 하나님께 나아가 하나님과 만날 수 있게 된 것이다.

하나님이 세상을 이처럼 사랑하사 독생자를 주셨으니 이는 그를 믿는 자마다 멸망하지 않고 영생을 얻게 하려 하심이라 요 3:16

나도 그랬고 수많은 믿음의 사람들이 그랬듯이, 그렇게 하나님을 만나면 이전에 보지 못했던 게 보이고 이전에 듣지 못했던 게 들리기 시작한다. 믿음으로 하나님과 연결된 우리에게 그동안 없었던 '하나님의 관점'이란 게 생기기 때문이다.

믿음의 출발조차 하지 않은 사람에게는, 보이지 않는 하나님의 위로와 권면의 말씀을 전하는 예언기도를 하지 말아야 할 이유가 이것이다. 하나님이라는 존재와의 연결됨이 없는 사람이 어떻게 하나님의 말씀을 알아들을 수 있겠는가.

예수님을 믿지 않는 이들에게 예언기도를 하는 것은 마치 내일이 있음을 알지 못해서 내일을 믿지도 않는 하루살이에게 내일을, 그리고 내일을 위해 오늘을 어떻게 살아야 하는지를 말하는 것과 같다고 할 수 있다.

… 예언은 불신자들에게 주는 것이 아니라 신자들에게 주는 것입니다. 고전 14:22, 새번역

기도 사역을 하는 동안 이런 사실을 수없이 확인했다. 그래서인지 성령께서는 종종 누군가를 위해 여러 위로와 권면의 말씀을 주시기에 앞서, 상대방의 믿음을 점검하게 하셨다. 예수님을 믿지 않고 드리는 기도는 아무 소용이 없음을 분명히 하셨다.

믿음이 없이는 하나님을 기쁘게 해드릴 수 없습니다. 하나님께 나아가는 사람은, 하나님이 계시다는 것과, 하나님은 자기를 찾는 사람들에게 상을 주시는 분이시라는 것을 믿어야 합니다. 히 11:6, 새번역

2015년 7월에 있었던 일도 이를 보여준다. 당시 나는 한국에서 지내는 한 달 동안 성령의 인도하심을 따라 기도 사역을 하려고 잠을 줄여가며 개인 기도에 힘썼다. 하나님과의 만남을 고대하는 '한 사람'을 보내달라고 기도했고, 성령의 인도하심을 따라서단 기도하게 해달라고 기도했다.

그러던 중 어느 대학 기독동아리의 요청으로 종강예배를 함께 드린 후 선교 보고를 했고, 한 교수님의 부탁을 받아 그 분의 지인 집사님 가정을 방문해 예배를 드리게 되었다.

예배 후에 이런저런 얘기를 나누던 중 집사님이 눈물을 글썽이며 "오랜 시간 참 많이 기도했지만 두 딸의 결혼 문제가 해결되지 않아 너무 속상해요"라고 하셨다. 남들 보기에도 창피하지만, 하나님께서 자신의 기도를 외면하시는 것 같아 더 속상하다는 말씀에 내 마음이 안타까웠다.

그래서 따님들을 만나볼 수 있냐고 여쭤보았고, 저녁이 되어서야 엄마의 호출을 받고 직장에서 돌아온 두 딸을 볼 수 있었다. 나는 두 사람의 영적 상태가 어떤지 몰라서 그들의 프라이버시를 지켜주려고 방에 데리고 들어갔다. 그런데 눈을 감고 막 기도하려던 순간 성령께서 "두 자매가 나를 믿지 않는다"라고 말씀하시는 게 아닌가.

나는 깜짝 놀라 두 자매에게 "자매들, 예수님이 자매들을 위해 십자가에서 돌아가셨다는 것을 믿나요?"라고 물었는데 두 사람이 잠시 머뭇거리더니 똑같이 "아니요"라고 대답했다.

두 자매의 대답에 나는 또 한 번 놀랐다. 그들은 오랫동안 교회에 다녔어도 예수님을 믿지 않았고 예수님과 한 번도 인격적인 만남을 가져본 적이 없었다. 예수님을 믿지도 않는 이들에게 예언기도를 할 수는 없었다. 그래서 나는 기도하려던 생각을 접고, 성경을 펴서 기록된 말씀으로 그들에게 복음을 전하기로 마음먹었다.

그렇게 20분이 넘도록 예수님을 전하자 어느덧 두 자매의 눈에 눈물이 그렁그렁했다. 이미 성령께서 그들의 마음을 만지셔서 부드럽게 하신 것이다. 그들이 예수님을 만날 만한 때에 나의 발걸음을 그들의 집으로 인도해주셨다고 믿어졌다. 그래서 나는 그들에게 예수님을 구주로 영접하겠냐고 물었다. 그들은 한 치의 망설임도 없이 그러겠다고 대답했다.

"자, 그러면 나를 따라 이렇게 기도합시다. 살아 계신 하나님, 감사합니다. 나의 죄를 위해 예수님이 십자가에서 돌아가신 것을 제가 믿습니다…."

두 사람은 나를 따라 천천히, 그리고 분명하게 예수님을 구주로 받아들인다고 고백했다.

그동안 그들은 주님 안에 있지 않았다. 그러니 어머니가 딸들의 영혼 구원 대신 땅의 것을 아무리 구해도 기도가 응답될 리 없었다. 그런데 그날 두 자매가 예수님을 구주로 믿고 영접했으니 그 가정에서 기쁨의 박수가 터져 나올 수밖에. 아마도 하늘에서는 잃어버린 영혼이 돌아온 것을 기뻐하는 천국 잔치가 열렸으리라.

그 댁을 나오면서 하나님께서 내게 은사를 주셔서 잃어버린 영혼을 찾아 복음을 전하게 하시는 것에 너무도 감사했다. 그 두 자매에게 복음을 전하게 하시려고 한국에서의 한 달 일정이 주어졌을지 모른다는 생각마저 들었다.

믿음은 예수 그리스도를 아는 것

믿음의 여정은 예수님을 믿는 것에서 출발해 예수님을 아는 것으로 나아가야 한다. 예수님을 알아야 그분에 대한 믿음이 자랄 수 있고, 믿음이 자라갈 때 우리는 하나님이 허락하신 영원한 생명을 더욱 풍성히 누릴 수 있다.

영생은 곧 유일하신 참 하나님과 그가 보내신 자 예수 그리스도를 아는 것이니이다 요 7:3

영생이란 하나님과 예수 그리스도를 아는 것이라 했다. 여기서 안다는 것은 '하나님과 예수님이 어떤 분이신지'를 바로 알아 그분을 만나고 경험하는 것을 말한다. 바로 알아야 제대로 만날 수 있음을 성경은 이토록 강조한다.

그렇다면 하나님과 예수님은 어떤 분이신가?

우리는 하나님이 전지하고 전능하신 분이라는 것을 안다. 예수님이 하나님의 아들이시라는 것도 안다. 맞다. 하나님과 예수님은 그런 분이시다. 그런데 우리가 잘 모르는 것이 있는데 바로 예수님을 통해 보여주신 하나님의 성품이다.

그분의 사랑, 그분의 온유하심, 그분의 자비, 그분의 오래 참으심, 그분의 긍휼…. 이런 것들을 우리는 잘 알지도 못하고 알려고도 하지 않는다. 그러면서도 안다고 생각하기 때문에 그분을 온전히 누릴 줄을 모른다. 하나님을 안다고 하는 사람들조차 오직 그분의 전능하심만을 의지해 "하나님, 이것도 해주세요"라고 능력 베푸심을 구하는 기도를 드릴 뿐이다.

그러다 보니 오랜 세월 소용돌이치는 고난의 현장에서 때로는 무엇에 기대어 기도해야 할지 몰라 길을 잃어버리기도 한다. 하나님의 능력을 믿고 기도했는데 아무것도 이루어지지 않은 현실을 마주할 때 신앙의 방황을 하게 되는 것이다.

하나님의 능력은 물론 하나님의 성품에 대한 변함없는 신뢰가 있어야 그런 시간에도 하나님의 성품에 기대어 기도하며 기다릴 수 있다. 우리 삶을 붙들고 주관하시는 하나님의 사랑과 자비와 긍휼의 성품을 신뢰함으로 고난 중에도 소망을 잃지 않고 살아낼 수 있다.

'아, 사랑의 하나님이 가장 좋은 것을 주시려고 기다리게 하시나 보다', '긍휼의 하나님이 내가 알지 못하는 더 좋은 것을 빚어가는 중이신가 보다'라는 믿음으로 고난의 길을 견디며 살아내는 것이다. 나는 그 실례를 서인 자매의 이야기 속에서 발견했다.

수년 전에 만났던 서인 자매는 인생의 여러 풍파 속에서 알코올 중독자와 관계 중독을 겪던 사람이었다. 누군가의 소개로 그 자매를 만났을 때 나는 그녀의 남자친구가 알코올 중독 모임에서 치료를 받고 있다는 것과 그녀가 어느 교회에 출석 중이라는 사실밖에 아는 바가 없었다.

만나서 기도해준 내용도 거의 기억나지 않는다. 다만 기도하는 동안 그녀가 삶을 헤쳐나갈 힘이 없는 깊은 우울증 상태인 것을 알게 되었고, 하나님을 찬양하라는 내용이 기도 중 선포되어서 이후 내가 한국에 나올 때마다 힘없이 처져 있는 자매를 격려해 마커스 찬양집회에 데려가는 등 남달리 마음을 쏟았던 기억이 있다.

첫 만남 이후 서인 자매에게서 보인 변화들은 놀라웠다. 서인 자매는 나를 만날 때다다 자신에게 찾아온 변화를 하나씩 고백했다. 관계 중독과 우울증에서 벗어났고, 공황이 심하게 오려고 할 때마다 녹음된 예언기도를 들으면 마음이 다스려진다는 얘기도 했다.

어느 해에는 교통사고가 세 번이나 나서 병원 생활도 오래 해야 했지만, 제주에서 DTS 훈련을 받은 뒤에 신장 투석 치료의 길이 열려 치료받고 있다는 말도 전했다.

나는 그런 변화를 보면서 우리가 처음 만났을 때 하나님께서 그분의 어떤 마음을 자매에게 전하셨길래 자매가 그런 극한 고통 속에서도 이토록 믿음으로 살아낼 수 있는지 궁금해졌다. 그래서 언젠가 물어보니 자매가 그날의 일을 이렇게 고백했다.

친히 손 내밀어 구하시는 하나님

선교사님을 만나러 올 때 저는 심한 정죄감에 빠져 있었습니다. 하나님을 믿는 사람으로서 제대로 살지 못했다는 죄책감에 너무나 괴로웠거든요. 그런데 선교사님의 기도 첫마디가 다음과 같았습니다.

"하나님께서 우리의 죄를 어떻게 다루시는지 모르냐고 하십니다. 너의 죄를 어깨 너머로 던져서 다시는 찾을 수도 건질 수도 없는 곳으로 보내셨다고 하십니다."

그리고는 이 말씀을 주셨습니다.

주께서 내 영혼을 사랑하사 멸망의 구덩이에서 건지셨고 내 모든 죄를 주의 등 뒤에 던지셨나이다 사 38:17

그동안 저는 여러 목사님의 책망하는 설교를 들을 때마다 벗어날 수 없는 구렁텅이에 빠져서 허우적거리는 저 자신만 확인이 되니까 더 자책감이 들었습니다. 그런데 그날은 저의 죄를 사하시고 다시는 기억하지도 않으시는 주님에 대해 말씀하시니 그것을 듣고 제 마음이 어땠겠습니까.

이어서 기도 중에 선교사님은 구덩이에 빠진 저를 예수님이 손 내밀어 건지시는 장면을 말씀하셨습니다. 구덩이에 빠진 저는 올라가려고 발버둥을 치는데, 그러면 그럴수록 모래흙이 무너져서 제가 자꾸 빠져드는 상황에서 예수님이 위에서 엎드려 제게 손을 뻗고 있다고, 그 손을 잡고 올라오기만 하면 된다고 하시는 것입니다.

그 기도를 하실 때 저는 너무 놀랐습니다. 제가 선교사님을 만나러 올라오면서 광주에 사는 언니와 통화한 내용 때문이었습니다. 제가 언니에게 그랬거든요.

"하나님은 우리를 다 구렁텅이에 몰아넣고는 '스스로 기어서 올라오는 놈들, 어느 정도 노력할 수 있는 놈들만 내 새끼다'라고 하시는 분이야."

제 마음이 그만큼 어려웠기 때문에 하나님에 대해 악담을 한 거였지요. 그런데 제가 그렇게 악담한 것은 언니와 저만 아는 얘기인데 선교사님이 마치 다 들으신 것처럼 "그게 아니야" 하고 말씀하시는 것입니다. 예수님은 구덩이에 빠진 저를 팔짱을 낀 채 "잘 올라오나 못 올라오나 보자" 하시는 분이 아니라 친히 손 내밀어 구해주시는 분이라 하시니 제가 얼마나 놀랐는지요!

하나님은 구덩이에서 스스로 올라올 수 있는 사람들만 예뻐하시는 분이 아니라, 오히려 올라올 힘조차 없는 저 같은 사람을 사랑하셔서 직접 손 내밀어 구원하시는 분이셨습니다. 저는 그 손을 잡기만 하면 되는 거였고요.

기도 받는 그 짧은 시간 동안, 저는 저를 구원하시는 예수님의 모습을 (환상으로) 보며 예수님의 손을 잡고 구덩이에서 올라올 수 있었습니다. 그러자 예수님은 구덩이에서 올라온 저를 품에 꼬옥 안아주셨고, 저를 그 품 안에서 점점 커지게 하셨습니다. 제게는 '영적으로 어린아이였던 제가 예수님의 품 안에서 점점 성장하라는 뜻이구나' 그렇게 받아들여졌어요.

그날 이후 많은 일이 일어났습니다. 우선은 선교사님과 만나고 와서 얼마 뒤에 있었던 일입니다. 그날 잠이 안 와서 뒤척이다가 문득 녹음된 기도를 다시 들어보고 싶어서 휴대폰을 열어 기도 내용을 다시 들었습니다.

그런데 듣다 보니 어느 순간, 한쪽으로 치우쳤던 제 (정신의) 시선이 정면으로 딱 잡히는 게 느껴졌습니다. 그래서 누운 채로 듣던 제가 "어, 어?" 하며 벌떡 일어나 앉았지요. 이걸 어떻게 표현해야 할지 모르겠지만, 한마디로 정신이 나갔던 제가 그 순간에 제정신이 돌아왔다고 할 수 있을 것 같아요. 저는 그동안 제가 제정신이 아니었다는 것도 몰랐거든요.

그 덕분에 저는 그 이후 선교사님과 통화하며 제주 DTS 훈련을 받기로 결정해서 다녀올 수 있었고, 그 훈련을 계기로 서울대학병원에 입원해서 복막 수술을 받고 신장 투석도 받을 수 있었습니다. 그러면서 저는 정말 어린아이 같은 믿음에서 어른으로 자라갔던 것 같습니다.

DTS 훈련을 받고 온 뒤에 또 한 번 녹음된 기도를 듣는데, 이번에는 듣는 동안 어디선가 성령의 불이 화르륵 화르륵 타오르는 소리와 함께 "누가 내 딸을 이렇게 했어?", "누가 내 사랑하는 딸을 이렇게 만들었어?" 하시는 예수님의 음성이 (내 마음에서부터) 들려오더라고요.

악의 세력에 대한 의분의 음성이었어요. 예수님이 저를 정죄하시는 분인 줄 잘못 알고 아이처럼 움츠려 지냈던 제가 이제는 저를 위해 악의 세력에 분노하시는 예수님의 사랑의 음성을 듣게 된 것입니다.

그때부터 저는 예수님의 사랑의 힘으로 살아갈 수 있었습니다. 만약 제가 죽음보다 강한 예수님의 사랑을 몰랐다면 지금 얼마나 비참하게 살고 있었을까요! 예수님의 사랑 덕분에 저는 고통 속에서도 일어나 살아갈 수 있었던 거예요.

물론 이 고백은 많은 정신적 고통을 겪은 한 개인의 주관적인 경험을 바탕으로 하는 이야기라 모든 사람이 공감할 수는 없을지도 모른다. 그러나 이 고백 속에 믿음에 대해 중요하게 봐야 하는 포인트가 있음을 모두가 알았던 좋겠다.

예수님이 어떤 분이신지를 바르게 아는 것, 그것이 고통 자욱한 이 현실에서도 하나님의 생명을 누리며 살게 하는 길이라는 것을 이 고백을 통해 발견할 수 있어야 한다. 어쩌면 그걸 말하고 싶어서 서인 자매는 자신의 이야기를 이 책에 꼭 넣어달라고 부탁했는지도 모른다.

믿음은 말씀에 순종하는 것

기도 사역을 할 때다다 성령께서는 기도가 필요한 한 사람을 만나도록 인도하셔서 그 한 사람에게 필요한 은혜를 베푸셨다. 그런데 사람의 인위적인 개입 탓인지 가끔은 나를 마치 점쟁이 정도로 취급하는 이들을 만날 때가 있다. 그런 이들은 새로운 사업을 해야 하는데 잘될지 안될지 알려달라거나, 자기가 어떤 형편에 처했는지 알아맞혀 보라는 식으로 나를 대하기도 했다.

한번은 어떤 목사님이 여자를 대동하고 나를 찾아왔는데, 기도하기 전 두 사람이 은밀히 나누는 대화를 우연히 듣고는 둘이 불륜 관계인 걸 알게 되어 소름 끼치게 놀란 적도 있다. 그들은 다체 무슨 생각으로 예언기도를 받겠다고 찾아왔던 것일까?

하나님 말씀을 듣는 것에 대한 어떤 경외심도 없이 그저 호기심이나 재미로 접근하는 이들을 만날 때 내 마음은 슬픔과 분노로 뒤죽박죽이 되어버린다. 그런 태도는 나에 대한 모욕을 넘어 그들이 평소 하나님을 어떻게 대하는지를 알려주는 바로미터가 되기 때문이다.

예언기도는 점을 치듯 미래에 될 일을 미리 알려주는 것과는 전혀 다르다. 하나님의 위로와 권면의 말씀을 통해 현재를 믿음으로 살아내고, 미래에 이루어질 하나님의 약속을 바라보며 믿음으로 살도록 돕는 기도라 할 수 있다.

따라서 이러한 기도를 받으려는 사람의 마음에는 하나님이 어떤 권면을 하시든 그 말씀에 복종하겠다는 태도가 있어야 한다. 기도 가운데 주어지는 미래에 대한 약속은 말씀에 대한 우리의 순종이 따라야만 성취되기 때문이다.

너희가 즐겨 순종하면 땅의 아름다운 소산을 먹을 것이요 너희가 거절하여 배반하면 칼에 삼켜지리라 여호와의 입의 말씀이니라

사 1:19,20

예언기도를 비롯한 모든 기도는 말씀대로 살아내는 우리 삶의 이야기와 깊숙이 연관된다. 말씀이신 예수님과 동행하며 그 말씀에 순종하지 않고는 기도의 결실을 기대하기 어렵다는 것이다.

하나님은 애초부터 우리가 살아가는 삶의 문맥 속에서 예언이 이

루어지도록 설계하셨지, 우리가 어떻게 살든 상관없이, 약속하셨으니까 무조건 이루어지게 하지 않으셨다. 이것은 하나님께서 그만큼 우리의 살아가는 모습을 기대하고 존중하신다는 뜻이다.

가령 이런 경우를 생각해보자. 삶의 심각한 위기를 만나 가정이 붕괴될 지경에 놓인 이들이 겸손히 주께 엎드릴 때 하나님은 "인내하는 자에게 회복이 있을 것"이라는 약속을 주신다.

이런 말씀 앞에서 어떤 이들은 결론에만 초점을 두고는 손을 놓은 채 살다가 끝내 회복되지 않는 현실을 보며 "왜 말씀하신 걸 이루어주지 않으십니까?"라고 항변하기도 한다. 결과에 대한 책임을 하나님께 돌리는 것이다. 무엇이 문제인가? 하나님께서 회복을 주시되 "인내하는 자에게" 주신다는 권면의 말씀을 자기 인생의 맥락 속에 가져와서 따르지 않았다는 점이다.

반면 어떤 이들은 그와 같은 예언의 말씀이 주어질 때 인내가 무엇인지를 성경에서 찾아내 묵상하고 기도하며 한 걸음 한 걸음 인내로서 삶을 살아낸다. 그리고 끝내 약속의 말씀대로 회복이 이루어짐을 경험한다.

여기서 주의해야 할 것이 있다. 말씀에 순종하는 자에게 예언이 성취된다고 해서, 우리가 순종한 그것이 마치 예언 성취를 불러온 근거인 양 지나친 해석을 해서는 안 된다는 것이다.

약속의 말씀을 이루시는 분은 절대적으로 하나님 자신이시다. 정확히 말해서, 하나님께서 친히 회복의 문을 열어주셨기 때문에 우리는 회복을 누릴 수 있다. 다만 우리의 순종은 회복의 길로 이끄시는 하나님의 길대로 우리도 잘 따라갔음을 뜻한다고 보면 된다. 따라서 불순종했다는 것은 회복의 길로 이끄시는 하나님의 안내를 뿌리치고 내가 가고 싶은 길로 간 것이라고 볼 수 있다.

그러므로 가장 지혜로운 사람이란 어떤 고난이 닥쳐도 하나님을 신뢰하여 말씀하신 대로 순종하며 사는 사람이라 할 것이다. 인내하라고 하시면 1년이든 10년이든 그 말씀 그대로 따르며 사는 것이다. 성경은 그것이 바로 믿음의 삶이고, 그런 사람에게는 아무리 거센 바람이 불고 창수가 몰아쳐도 결국 그 집이 무너지지 않을 것이라 약속한다.

> 그러므로 누구든지 나의 이 말을 듣고 행하는 자는 그 집을 반석 위에 지은 지혜로운 사람 같으리니 비가 내리고 창수가 나고 바람이 불어 그 집에 부딪치되 무너지지 아니하나니 이는 주추를 반석 위에 놓은 까닭이요 마 7:24,25

이를 보여주는 좋은 일례로 어느 집사님의 이야기를 소개하려 한다. 김 집사님은 이름만 대면 알 만한 어느 회사의 중역으로, 새로 맡은 부서의 숙제처럼 남아 있던 회사 간의 분쟁 소송 건으로 오랫동안 고통의 시간을 보내야 했다.

분쟁이 이어지는 동안, 지루하게 판결이 나지 않는 증인 대질 신

문과 민사 형사 소송 건으로 매일 피가 마르는 시간을 보냈지만, 그 때도 그는 세상적인 어떤 방식으로 고통을 이겨내려 하지 않고, 매일 아침 6시면 어김없이 일어나 말씀을 펴서 날마다 하나님께 나아가는 삶을 살아갔다.

재판장이 굽은 판결을 하지 않도록 하나님을 의지하여 기도하기를 쉬지 않았고, 그것도 무려 2년 동안이나 하루도 빠짐없이 하나님께 그 모든 문제를 내어드리며 겸손히 엎드렸다. 신실하신 하나님은 아침마다 평안을 베푸셨고, 집사님은 그 은혜로 하루하루를 성실히 살아갈 수 있었다.

그러다 2019년 6월, 내가 한국에 잠시 들어왔을 때 집사님 댁에서 예배드리고, 좀처럼 해결될 기미가 보이지 않는 분쟁과 소송 문제를 놓고 함께 간절히 기도했는데 그때 성령께서 이런 말씀을 주셨다.

"실타래처럼 얽혀있는 문제의 실마리가 잡힐 것입니다. 이 일을 하나님의 때에 해결해주실 것이지만 결과가 엎치락뒤치락 뒤집히며 소송이 진행될 것입니다."

뒤이어 성령님은 소송에 필요한 서류를 준비하는 방법과 실마리가 될 문구의 수정 부분까지 너무도 세밀하게 지도해주셨다.

중요한 것은 그 이후에 보인 김 집사님의 믿음의 행동이었다. 그는 하나님을 더 깊이 신뢰하며 지시하신 방법대로 소송을 준비해 나갔다. 변호사에게 자문을 구하고 문서를 샅샅이 훑어 자료를 수집하며 할 수 있는 최선을 다해 전략을 세웠다. 그리고 하나님의 도우심이 절대적으로 필요한 상황임을 인정하며 무시로 깨어 기도했다.

그럼에도 2019년 11월부터는 상대방 측의 사정으로 또다시 재판 연기 요청이 받아들여지면서 기다리는 시간이 더 길어졌고, 이때부터 상황은 소송에서 더 불리한 국면으로 치닫기 시작했다.

하지만 집사님은 이 모든 일 가운데 일하시는 하나님을 신뢰하며 기도를 멈추지 않았다. 오히려 이러한 일련의 사건이 해결된 뒤에 하나님께서 자신에게 허락하실 일에 대한 비전을 품고, 기업의 경영자로서 함께하는 부하 직원들의 성장을 위해 꿈을 주는 일을 하고 싶다는 간청의 기도를 드리기도 했다.

과연 그다음 해가 되자 김 집사님에게 회사 경영에서 지략이 더 많이 요청되는 신사업 분야 업무가 주어져서 함께할 직원이 더 많이 늘어나게 되었다. 마치 요셉의 7년 풍년 기간의 행보처럼 고난 중에도 그에게 형통의 복이 부어진 것이다.

2020년 4월, 마침내 김 집사님은 선교지로 전화를 걸어와 이런 소식을 알렸다.

"선교사님! 오늘 유치권 부존재 소송에서 완벽하게 승리했어요. 지금 그동안 함께 고생한 직원들을 격려하는 식사 자리를 갖고 있어요."

김 집사님은 하나님께서 그 모든 걸 이루어주셨다고 고백하며 그

동안 약속하신 내용을 하나도 빠짐없이 이루어주신 하나님을 찬양하고 또 찬양했다. 자초지종을 묻자 집사님은 이렇게 대답했다.

"원고의 청구를 모두 기각한다는 판결이 내려졌어요! 저들이 판함정과 올무에 스스로 걸리며 갑자기 부끄러워서 물러가게 하리라는 기도의 말씀이 그대로 이루어졌어요."

신실하신 하나님은 그동안 상대 쪽 편에 서서 편파적으로 판결을 내리던 재판장을 마지막 순간에 새 재판장으로 교체하시고, 새 재판장을 세우셔서 진실을 가려주셨다.

기도 중에 주어진 하나님의 약속. 김 집사님은 그 약속을 붙잡고 인내하며 끝까지 믿음의 경주를 달려갔다. "소송은 얽히고설켜 무거운 상황이지만 하나하나 해결되어갈 것이다. 그러나 엎치락뒤치락하는 상황이 계속될지라도 두려워하지 말라. 반드시 역전될 것이다"라는 약속의 말씀을 믿고 기도로 인내하며 하나님을 끝까지 붙든 믿음의 결실이었다.

2개월 뒤, 김 집사님은 합의부 사건에서 또 한 번 승소했으나 곧 상대측의 상고로 다시 소송이 시작되었고 엎치락뒤치락 뒤집히는 판세가 또다시 이어졌다. 그러는 동안에도 집사님은 여전히 말씀 묵상과 기도로 하나님과의 친밀한 동행을 이어갔다. 그리고 2022년 1월, 드디어 김 집사님은 새해 인사와 함께 상고심 대법원 소송에서 최종 승소했다는 메시지를 보내왔다.

"선교사님! 풀기 힘들 정도로 엉켜 있던 실타래가 풀리듯이, 기도해주신 대로 해결되어 가는 것을 보며 하나님께 모든 영광을 올립니다. 소송이 엎치락뒤치락해도 두려워하지 말라고 하신 말씀을 믿고 끝까지 기도의 끈을 놓지 않게 하심도 감사합니다."

4년 동안이나 진행된 회사의 소송 건에 대해 함께 기도했던 한 사람으로서 그런 메시지를 받으니 얼마나 기뻤는지 모른다. 무엇보다 약속의 말씀을 붙잡고 인내하며 기도하는 순종의 삶을 살아낼 때 기도의 결실을 맺는다는 걸 삶으로 살아내며 보여준 김 집사님이 너무도 고마웠다. 이 모든 승리의 기쁨은 말씀이 이루어질 때까지 인내하며 믿음으로 순종한 김 집사님의 몫이었다.

여호와를 의지하는 자는 시온 산이 흔들리지 아니하고 영원히 있음 같도다 시 125:1

08

믿는 자는 죽어도 살겠고

좁고 협착한 길을 걸으리

앞서 고백한 대로, 내가 북경에서부터 기도 사역을 시작한 것은 성령의 강권하심이 있어서였다. 성령님의 인도하심에 순종하자 내게는 물고기가 물을 만난 듯한 자유함이 주어졌다. 주신 은사를 사용하지 않고 억눌러 지냈을 때는 누리지 못했던 자유였다.

그러나 동시에 두렵고 떨리는 마음도 떠나지 않았다. 남편이 그간 만류하며 염려했듯이, 일부 은사자들이 갔던 잘못된 전철을 나도 밟아서는 안 된다는 생각 때문이었다. 내가 결코 가서는 안 되는 길이란 성령께서 주신 은사를 자기의 영광을 위해 사용하는 것을 의미한다. 한 마디로 '자기부인이 없는 삶'의 길이다. 그래서 나는 이 말씀을 굳게 붙들었다.

무릇 내게 오는 자가 자기 부모와 처자와 형제와 자매와 더욱이 자기 목숨까지 미워하지 아니하면 능히 내 제자가 되지 못하고 누구든지 자기 십자가를 지고 나를 따르지 않는 자도 능히 내 제자가 되지 못하리라 눅 14:26,27

이 말씀에 순종하기 위해 나는 남편과 딸아이를 하나님께 맡긴 채 기회가 주어질 때마다 한 영혼을 만나 기도하는 일에 힘썼다. 그때 그토록 기도하는 일에 절박했던 이유는 한국 교회 각 가정의 깨어진 현실이 내 눈에 들어와 밟혔기 때문이다.

눈을 뜨고 보니 아프고 찢긴 한국 교회의 현실은 너무나 처절하고도 비참했다. 내가 정말 한 사람을 살리는 일에 부르심을 받았다면 이제는 사람들이 알아주든 몰라주든 상관없이 한 영혼을 만나 기도하고 말씀 전하는 일에 충성하리라 다짐했다.

그것이 내게 주어진 자기 십자가를 지고 주님을 따르는 길이라는 생각으로 나는 아무것도 아닌 나를 주께 내어드렸고, 하나님은 약한 자를 통해 당신의 강함을 나타내시며 많은 사람의 영혼을 친히 살려내셨다. 성령의 나타나심을 따라 나를 살리신 성령께서, 또한 성령의 나타나심을 따라 한 영혼을 살리셨다. 성령님은 과연 살리시는 영이다.

그렇다고 해서 내가 그때 이후로 늘 승리하는 삶을 살았다는 뜻은 아니다. 선교 사역과 기도 사역은 물론, 나의 일상을 살아가는 와중에도 나는 종종 사람들 사이에서 넘어지고 부서지는 아픔을 겪었다. 그때마다 나는 주님께 나아가 "대체 어떻게 살아야 합니까?"라는 질문을 드리지 않을 수 없었다.

그런데 그때마다 주시는 답은 언제나 동일했다. 십자가! 십자가였다. 십자가의 길, 좁고 협착한 그 길 끝에만 생명이 있음을 알려주시며 그 길을 따라서 살라 하셨다. 주를 믿는 자에게 주께서 허락하신 인생의 과정의 이름은 다름 아닌 '십자가'였다.

이것은 누군가를 위해 기도 사역을 할 때도 마찬가지였다. 인생의 고통과 혼란의 문제를 해결하고 싶어 하는 누군가를 위해 기도할 때마다 하나님께서 주시는 메시지의 핵심은 자기를 부인하라는 십자가였다. 저마다 안고 있는 '난 이것만은 못 해요'라는 내용들을 건드리시며 자기 십자가를 지고 고난의 길을 돌파하라고 하셨다.

1장에 소개한 석우 엄마의 경우만 해도, 그녀는 활동 지향적인 사람으로 아들에게 날마다 정성껏 밥상을 차려주는 일을 못 하는 사람이었다. 하지만 날마다 밥상을 차리는 일이 자기를 부인하는 길임을 하나님은 분명히 하셨다.

그런데 동일하신 하나님께서 비슷한 처지에 있는 다른 가정의 한 엄마를 향해서는 아들을 위해 기다리고 또 기다리라는 권면을 주셨다. 그 엄마에게 자기부인이란 밥상을 차리는 일이 아니라 아들만 바라보며 지나치게 마음을 졸이는 것을 다 내려놓고 오직 하나님께서 하실 일을 바라며 기다리는 데 있음을 알려주신 것이다.

하나님은 왜 이토록 우리에게 자기부인의 길을 가라고 하실까? 왜 우리는 주님과 함께 우리 자신을 십자가에 못 박아야 하는 것일까?

주님은 그 길 끝에만 참된 생명이 주어지기 때문이라고 말씀하신다. 결국 십자가를 지라 하시는 이유는 우리에게 참된 생명을 주시기 위해서다. 가장 좋고 귀한 것은 좁고 협착한 십자가의 그 길 끝에 있음을 알려주시며 우리에게 그 길을 가라 하신다.

좁은 문으로 들어가라 멸망으로 인도하는 문은 크고 그 길이 넓어 그리로 들어가는 자가 많고 생명으로 인도하는 문은 좁고 길이 협착하여 찾는 자가 적음이라 마 7:13,14

복음을 전할 때도 나를 십자가에 못 박고

코로나가 창궐하던 2020년 가을, 나는 갑상선암 수술을 받고 파주의 한 요양병원에 머물며 치료를 받은 적이 있었다.

한 달여 입원했던 그 기간에 내가 새삼 놀랐던 것은 언제 죽을지 모르는 암 환자가 우리 주변에 너무도 많다는 사실이었다. 바람 앞의 촛불처럼 위태로운 환자들을 보면서 나를 포함한 인간 존재의 연약함이 실감되고 또 실감되었다.

그런데 더 놀랐던 것은, 그런 상황에서도 천국을 준비하며 마음을 정결하게 하기보다는 자기 욕구와 자기 감정에 사로잡혀 사는 인간의 모습이 변함없다는 점이었다. 70-80대 어르신들조차 암 병동 내에서 희롱하는 말을 해가며 서로를 욕망하던 모습은 인간이 가진 악함을 그대로 보여주고 있었다.

마음이 무척이나 곤고했다. 형통한 날에는 기뻐하고 곤고한 날에는 되돌아보라는 말씀^{전 7:14}을 떠올리며 지난 13년간의 선교 사역을 되돌아보았다. 그러자 내 삶의 지나온 자국마다 나의 연약함과 악함이 그대로 묻어난다는 사실에 한편 당혹스럽고 한편으로 부끄러웠다.

그중에서도 가장 크게 다가왔던 장면은 복음을 전하고 사랑으로 섬겨도 변하지 않는 사람들을 보며 좌절하고 낙심한 나머지 스스로 모든 걸 끝내고 싶어 했던 순간들이다.

하나님의 일은 하나님의 때에 하나님께서 친히 열매 맺게 하신다는 것을 머리로 알면서도, 변하지 않는 사역 현장의 현실에 내 감정이 격하게 올라와 "차라리 죽기를 원하나이다"라는 극단적 자기 절망의 상태까지 간 적이 있었다.

물론 그것은 선교 사역이 쉽지 않았으며 내가 그만큼 극한 스트레스 상황에 노출되어 있었다는 것을 뜻하기도 했다. 하지만 베들레헴 마구간에서 태어나 십자가에서 죽기까지 하나님의 뜻만을 좇아 사셨던 예수님을 생각하면, 선교지에서 도망치려 한다거나 선교사를 그만두고 싶어 했던 일들은 끝까지 나 자신을 부인하지 못하는 나의 영적 실상을 보여주고 있어 부끄러움으로 남을 수밖에 없었다.

그럼에도 하나님은 그런 나를 붙잡고 여기까지 오게 하셨으니 나는 이제라도 인생의 걸음을 인도하시는 하나님께 내 삶의 모든 과정과 결과를 맡기고, 내게 주어진 오늘이라는 시간을 진실하고 충성되게 살아야 했다.

헨리 나우엔의 말대로 참된 구원의 삶은 머나먼 미래에 거창한 뭔가를 하려고 계획하는 게 아니라 'Now & here', 지금 여기에서 작은 예수로 살아가는 일일 테니까. 지금 내가 요양병원에서 투병 중이라면 병이 나은 후 선교지에서 더 멋지게 사역할 일을 꿈꿀 게 아니라 바로 지금 이 요양병원에서 자기를 부인하고 날마다 십자가 지는 삶을 살아내야 하는 것이다.

생각이 거기까지 이르자 나는 먼저 같은 병동에 입원한 사람들을 세심하게 관찰하고 살피는 일부터 시작했다. 그런 뒤에 상대에게 돈이 필요하다 판단되면 내 주머니를 털어 물질로도 섬기고, 암이 전이되어 두려움에 떠는 이들이 보이면 예수님의 평강을 전하며 위로하려 했다. 물론 그 모두는 궁극적으로 예수 그리스도의 십자가 복음을 전하기 위한 것이었다.

그러던 어느 날, 휴게실에서 누군가와 전화로 상담을 하고 났을 때 그런 내 모습을 지켜보던 강 집사님이란 분이 다가와 조심스레 물었다.

"혹시 사역자이신가요?"

"네? 아, 네. 저는 선교사예요."

이후로 성령께서는 복음을 전하기 위한 일들을 빠르게 전개해 나가셨다. 나에 대한 소문이 온 병동에 퍼지면서 마음이 갈급한 사람들이 내게 다가와 진리에 곤해 묻기 시작한 것이다.

그중 한 사람이 민경 언니였다. 이분은 내게 찾아와 "어떻게 해야 천국에 갈 수 있느냐?"라고 단도직입적으로 물었다. 죽음의 두려움에 사로잡혀 성경을 여섯 번이나 완독했지만 천국 복음이 깨달아지지 않아 답답하다고도 했다. 나는 곧바로 예수 그리스도의 복음을 전했고 마침내 민경 언니는 예수님을 구주로 영접했다.

이미 몸 여러 장기에 암이 전이되어 남은 날이 얼마 되지 않았지만, 말씀을 풀어즐 때 깨닫게 하시는 성령께서 진리를 알려주시니 그 얼굴이 해처럼 밝아졌고 입술의 고백도 달라졌다. 만나는 사람들에게 "내가 영원한 천국을 소유한 자가 되었다"라고 어린아이처럼 기쁘게 말하며 그 안에 찾아오신 예수 그리스도를 온몸으로 증거했다.

그래서 나는 그가 퇴원할 때 성경공부 교재를 선물하며 두 팔로 꼭 껴안고 이 말씀을 전해주었다.

우리가 살아도 주를 위하여 살고 죽어도 주를 위하여 죽나니 그러므로 사나 죽으나 우리가 주의 것이로다 **롬 14:8**

병원 안에 있든지 병원 밖에 있든지, 우리는 모두 죽을 날을 받아놓고 사는 사람들이다. 다만 그게 좀 더 가까우냐 머냐의 차이만 있을 뿐. 요양병원의 암 환자 중 민경 언니와 같은 사람은 이러한 진실을 알기 때문에 죽음 앞에서 예수 그리스도의 십자가를 복음으로 받을 수 있었고, 그 결과, 죽어도 영원히 사는 영생을 얻었다.

요양병원에서 내 마음을 끌었던 또 한 사람은 날이면 날마다 트로
트를 틀어놓는 지원 언니였다. 자궁암에서 유방암까지 전이되어 치
료 중이었는데 트로트를 어찌나 좋아하는지 날마다 병실 안에 트로
트를 틀어놓는 바람에 다른 환자들에게 괴로움을 안겼다.

그러다 한 날은 화장실을 가다가 그 분의 침대 쪽을 얼핏 바라보
았는데 침대 옆에 꽂혀 있는 성경책 한 권이 내 눈에 들어왔다. 그때
부터 그 분의 구원을 위한 기도가 시작되었다.

얼마 후 병실에서 무슨 일인가로 환자들 간에 갈등이 생겼고, 다
른 환자를 공격하던 언니가 나를 향해서도 서운하다는 등 야단치는
말을 했다. 그럼에도 나는 왠지 이 일이 복음을 전하는 계기가 될 것
같은 예감이 들어서 마음에 흔들림 없이 넉살까지 부려가며 그 분에
게 할 말을 전했다.

"아이고 언니, 저는 언니가 밤에 잠에서 깰까 봐 일부러 화장실 가
까운 데 놔두고 저 끝에 있는, 난방도 안 되는 차가운 데를 살금살
금 걸어서 다녀오곤 했어요. 제가 언니를 얼마나 배려했는지 모르시

는구나.”

그리고는 한마디를 브탰다.

“저기 성경책이 있던데 혹시 예수님 믿으세요?”

“나? 나는 예수님 안 믿지.”

알고 보니 성경책의 정체는 앞서 내게 사역자냐고 물었던 강 집사님이 선물해준 것이었다. 병원 곳곳에서는 그렇게 복음을 전하기 위해 여러 모양으로 애쓰는 이들이 있었다. 그러니까 지원 언니는 강 집사님에게 성경책을 선물로 받았을 뿐, 예수님도 모르고 성경도 전혀 모르는 분이었다.

그래서 얼른, 기왕에 성경책도 선물 받았으니 나와 같이 성경공부를 한번 해보자고 제안했다-. 그렇게 해서 지원 언니를 포함한 몇 분의 환자들과 함께, 18주간 진행해야 할 성경교재로 날마다 한 과씩 18일 동안 성경공부를 이어갔다.

그러자 성령께서 놀라운 일들을 행하셨다. 이 언니가 여수님을 구주로 믿었을 뿐 아니라 하루하루 말씀을 받아 변화되어가는 모습이 눈에 띄게 나타났다. 한 날은 열이 펄펄 나는데도 불구하고 항암주사액을 가슴에 꽂은 채 성경공부에 참여하는 열의까지 보였다. 진리의 성령께서 지원 언니에게 찾아가 생전 처음 들어보는 성경 말씀을 깨닫게 하시면서 천국을 사모하는 심령이 되도록 붙드신 결과였다.

마침 오륜교회에서 진행하는 다니엘기도회가 온라인 영상으로 퍼져가던 때였다. 우리 멤버들은 성경공부를 하고 난 후 마스크를 쓴 채 일인실에 모여서 다니엘기도회의 온라인 예배에 참석해 은혜를 받았고 이후 다 같이 소리 내어 기도까지 했다. 놀랍게도, 다니엘기도회가 끝난 뒤에도 병실 여기저기서 소곤소곤 기도하는 소리가 들려왔다고 했다.

그러는 동안 지원 언니가 완전히 바뀌었다. 예수님을 모르던 한 영혼이 말씀을 듣고 기도하며 예수님의 이름으로 영육 간의 변화를 경험하는 일이 벌어졌다.

그래서 이 일을 놓고 은사 목사님에게 연락을 드려 상담했더니 그 언니에게 세례를 베푸는 게 좋겠다는 의견을 전해오셨다. 코로나 기간이었고 아직 암 환자라 기동에 제한이 있어 퇴원 후 혹 믿음을 잃지 않기를 바라는 마음에서였다.

곰곰이 생각해보니 내가 선교지로 떠난 뒤에 이 언니는 가까운 교회에서 돌봄을 받아야 할 사람이었다. 그래서 아는 권사님에게 연락을 드려 근처 교회 목사님에게 세례를 받도록 도움을 구했다.

성경책의 글자가 작아 읽기를 불편해하는 것을 보고는 아는 목사님에게 부탁해서 큰글자 성경책 두 권을 후원받아 지원 언니와 병동의 또 다른 집사님에게 선물로 드리기도 했다. 그러자 지원 언니는 그 성경책을 가슴에 끌어안고 어린아이처럼 너무나 좋아했다.

이 일을 두고, 그 분에게 처음 성경책을 선물했던 강 집사님과 몇몇 크리스천은 서로를 향해 수고했다고 격려하며 하나님께 영광을 돌렸다. 바울은 심었고 아볼로는 물을 주었으되 자라게 하는 분은 하나님[고전 3:6]이셨다.

　모두가 암 환자라서 우리는 자칫 자신의 아픔에만 몰두할 수 있는 사람들이었지만 그런 본성까지도 십자가에 못 박고 누군가에게 말씀을 전하며 섬길 때, 살리는 영이신 성령께서 친히 그를 살리셨다. 또한 성령께서 하시는 일을 목격하는 일은 우리 영혼에게도 더없이 유익한 일이었기에 우리는 너 나 할 것 없이 기뻐하며 하나님께 감사를 드렸다. 덕분에 나도 요양병원에 입원해 있는 동안 천국을 누릴 수 있었다.

　그런데 한 달여의 요양 생활을 마치고 나도 건강을 회복하여 태국으로 갔다가 1년 뒤 다시 한국에 나왔을 때, 나는 하마터면 마음이 실족하여 넘어질 뻔했다. 병원에서 만나 동역했던 강 집사님을 만나려고 전화를 드렸다가 들은 말 때문이다.

　"선교사님, 그 지원 언니는 내가 전도한 거예요. 내가 했다고요."

　암이 온몸에 전이되어 죽음을 앞두고 있던 강 집사님은 내 전화를 받고 돌연 한 영혼이 구원받은 일에 대한 자신의 지분을 주장하며 목소리를 높였다. 그 얘기를 듣자 나는 망치로 한 대 맞은 듯한 충격에 전화를 끊고 한참을 그 자리에 멍하니 서 있어야 했다.

　문득 태국 선교지에서 한국어 사역을 하며 청년들 중심의 교회를 이루었을 때, 우리 부부가 기도하며 섬겼던 한 현지인 사역자에게서 들은 말이 떠올랐다. 이 교회가 이만큼 부흥한 데는 자기 지분도 있으니까 두 분 선교사님은 이제 이 교회에서 나가달라 했던 말이었다.

그 말이 아직 내게 상처로 남아 있다는 것도 깨달아졌다.

마음을 진정시키고 생각을 정리하려 애썼다. 무엇이 강 집사님의 마음을 이토록 격동시켜서 자기가 전도했다며 자신의 지분을 주장하게 했던 것일까? 왜 이분은 복음을 전하는 일에서조차 '나'의 권리를 주장하는 인간 본연의 모습을 표출해야만 했을까?

전화를 끊고 이 질문을 던지던 나는 불현듯 태국 선교지에서 죽음을 경험했던 '가스 사건'이 떠올랐다. '아, 그때 그 일이 없었다면 나도 지금쯤 같은 말을 하고 있었을지 몰라. 그게 우리 모두의 본성이니까….'

맞다. 그때 그 일이 없었다면 나도 지금쯤 내가 한 일에 대한 지분을 주장하며 '내가 이렇게까지 했는데 하나님은 왜 내게 아무것도 안 주실까?'라며 분을 내고 있을지도 모른다. 그 생각에 갑자기 내 눈에서 눈물이 핑 돌았다.

너 정말 죽어볼래?

코로나가 오기 전 해인 2019년도의 일이다. 당시 우리는 처음 맞이하는 안식년을 한국에서 보낸 후 태국으로 돌아가 다시 교회를 개척했다. 한국어 사역을 하면서 부흥했던 태국 교회를 결국은 다른 사역자들에게 위임하고, 다시 빈손으로 교회를 시작한 것이다.

중년의 나이에 선교지에서 교회를 다시 시작한다는 것은 선교지에서 처음 사역을 시작할 때와는 또 다른 차원의 무게와 고통을 감내해야 하는 일이었다. 몸은 무거워졌는데 다시 밥 짓는 일을 해야 하고, 한 사람 한 사람 눈물로 품고 전도하며 끊임없는 기다림을 반복해야만 했다.

그래서였을까. 아무리 열심히 달려가도 결국은 모든 게 다 빠져나가 버릴 거라는 허무감과 회의가 조금씩 나를 잠식해갔다. "우리는 끝까지 선교사로 살다 가자"라며 물질도 사람도 자기 수중에 모으는 법 없이 전진하는 남편의 사역 방향을 따라가자니, 자꾸만 내 삶에 남겨지는 빈 주머니가 눈에 들어왔다.

어쩌면 선교지에서 나도 모르게 깊은 우울증을 앓고 있었는지도 모르겠다. 북적거리던 옛 교회를 뒤로하고 새로 교회를 개척한 후로 마음 터놓을 동역자 한 명이 내 주변에 없다는 게 나를 더 기운 빠지게 했다.

그러한 때에 한 청년 단기선교팀이 우리 사역지로 찾아왔다. 보통 단기선교팀이 찾아오면 함께 기도하고 전도하면서 없던 힘도 생기는 법인데, 그때는 내 상황의 특수함(?) 때문인지 작은 사건 하나가 그나마 남아 있던 내 마음의 힘을 다 소진시켜 버렸다. 청년들이 노방전도 한다고 나간 뒤 책상 위를 청소하던 내가 누군가 낙서하다시피 적어놓은 메모 하나를 보게 되면서였다.

"왜 이렇게 빡센 거야, ××"

우리가 진행하던 단기선교 프로그램에 대한 청년의 불평 어린 평가였다.

사실 청년의 때에는 마음 안에서 별의별 영혼의 폭풍이 일어날 수 있는 법이다. 그러므로 그런 메모는 물론, 그 이상의 낙서도 나올 수 있다는 걸 사역자는 알고 있어야 한다. 다만 그런 걸 발견했다면 그를 찬찬히 살피며 기도하는 가운데 자신에게 찾아든 마음의 상함도 툴툴 털어버릴 수 있어야 한다.

그런데 이상하게도 그때는 그게 안 됐다. 그 쪽지를 보는 순간, 내 몸과 마음이 통째로 얼어붙어 버렸다고 할까.

"하나님, 어떡합니까? 이렇게 훌륭하다는 선교팀의 일원조차 이러고 있다면 저는 이제 선교사로서 아무 소망이 없습니다."

이 말이 나도 모르게 튀어나왔다. 단기선교팀을 수발하며 애쓰는 나의 모든 일이 아무 의미 없이 느껴진 것이다. 그 쪽지를 보던 단 몇 초 사이에 내 영혼이 순식간에 바닥으로 꼬꾸라졌다.

그러자 내 마음에서 끊임없이 '하나님, 죽여주십시오'가 터져 나왔다. 청소를 하면서도, 옷을 갈아입으면서도 '하나님, 살고 싶지 않습니다. 차라리 죽는 게 낫겠습니다. 선교사도 그만하고 싶습니다'라는 말이 마음에서 끝없이 메아리쳤다.

왜 나는 갑자기 그와 같은 극단적 사고에 사로잡혔을까. 그 순간, 나만 홀로 고달프게 사역하고 있다는 자기연민에 빠졌는지도 모르겠다. 아니면 내가 뭔가 하나님 일을 하고 있다는 생각 자체가 얼마나 큰 교만인지를 그때는 미처 의식하지 못했는지도. 어쩌면 선교 사역의 고달픔에 젖어 하나님께서 나를 사용해오셨다는 사실 자체가 얼마나 큰 감사인지를 잠시 잊었던 것도 같다.

그러기에 사탄은 그 쪽지 하나를 통해 당시 내가 갖고 있던 연약한 마음에 충동질을 해대며 선교 사역의 허무함을 부각시켰을 것이다. 그러니 마음에서 계속적으로 '하나님, 죽여주십시오. 죽고 싶어요'라는 소리만 맴돌 수밖에.

다음 날이 되자 우리는 청년들을 인솔해 어느 소수부족에게 복음을 전하러 치앙라이로 갔다. 그런데 이들이 어느덧 돈맛을 알아버렸는지 단기선교팀에게 자꾸간 돈을 요구해오는 것이 아닌가. 그 모습을 보자 나는 다시 인간의 탐욕에 기가 질려 '하나님, 살고 싶지 않습니다. 죽여주십시오'를 마음 안에서 외쳐댔다.

저녁이 되자 청년들이 산족들 앞에서 춤추며 공연을 했는데, 이번에는 그걸 보면서도 자꾸만 죽고 싶었다. '하나님, 저를 죽여주십시오. 이런 게 다 무슨 소용이 있습니까?'라는 마음이었다. 성령께서 청년들의 공연을 통해 한 사람을 감동시켜 예수님을 만나게 하실 수도 있는데 나는 내 생각에 갇혀 이 땅에는 소망이 없다고 단정 짓고 있었다.

다음 날 새벽, 여느 날처럼 꾸역꾸역 일어나 청년들이 먹을 아침을 준비하면서도 '하나님, 살고 싶지 않아요'라는 말이 내 마음 안에서 떠나지 않았다. 정말 무얼 하고 무얼 봐도 소망 없는 이 세상에서 그만 살고 싶었다.

이후 남편은 후발대로 온다는 집사님 한 분을 마중하러 공항으로 떠났고, 나는 시내로 볼일을 보러 가는 그 마을 주민의 차 조수석에 앉아 다음 행선지로 이동했다.

그런데 이동 중 뜻밖의 일이 벌어졌다. 갓길에 서 있던 차 한 대가 갑자기 깜빡이를 반대로 켜고 우리 차가 주행하는 차선으로 들어왔다. 우리 차는 급히 그 차를 피하다 중앙선을 넘어 반대편 차선으로 튕겨 나갔고 차 안의 모든 물건이 날아올라 차 안은 아수라장이 되었다.

함께 타고 있던 갓난쟁이의 찢어지는 울음소리가 차 안을 가득 채웠다. 소란스러움에 놓쳤던 정신을 차려보니 깜빡이 차량의 앞머리가 내가 앉은 조수석에 바짝 붙어 있었다. 만약 반대 차선에서 주행하는 차가 있었다면 큰 충돌사고로 이어질 뻔했다.

심장이 철렁 내려앉았다. 눈을 들어보니 다행히 다친 사람은 아무도 없었다. 그제야 차 안에 탔던 우리는 이구동성으로 "저 차 뭐야?"라고 소리치며 심장을 쓸어내렸다. 그리고 그 순간, 내 입에서 나온 첫마디는 아이러니하게도 "휴~, 죽을 뻔했네"였다.

그러자 내 머릿속으로 이틀 동안 하나님께 쏟아놓았던 말들이 스쳐 지나갔다. 죽여달라고, 살고 싶지 않다고 했더니 진짜 죽을 뻔했던 것이다. 하지만 나는 그때까지도 그 일이 하나님의 1차 경고임을 깨닫지 못하고, 그저 가슴을 쓸어내리며 남편을 포함한 단기선교팀과 합류하기 위해 목적지로 향했을 뿐이다.

이후 우리 단기팀은 어느 리조트에 모여 짐을 풀었다. 이때까지도 나는 그곳에서 안전사고가 날 줄은 꿈에도 몰랐다. 이미 청년들이 오기 전부터 답사하러 와서 각 방의 안전 상태를 점검하고 이상 없음을 확인했던 곳이었다.

짐을 푼 숙소에서 남편이 샤워할 때만 해도 아무 문제가 없었다. 그런데 남편이 씻은 뒤 내 차례가 되어 샤워하던 중 나는 갑자기 의식을 잃고 쿵, 쓰러져 버렸다. (나중에서야 안 일이지만) 샤워실의 순간 온수기에서 갑자기 새어 나온 가스가 원인이었다.

그때 나는 이미 죽음의 강을 건너고 있었다. 사람이 죽으면 신체의 근육들이 이완되어 완전히 풀려버리는 일이 내게도 나타나고 있었으니까. 그토록 '죽여주세요, 죽고 싶어요'를 외치던 나에게 하나님께서 '너 자꾸 죽는다고 말할래? 너 진짜 죽어볼래?'라고 하셨다고밖에는 볼 수 없는 일이 실제로 내게 벌어졌다.

말씀 안에 나타난 자기부인의 길

그러나 우리 중 그 누구도 상황의 심각성을 인지하지 못했다. 단기선교팀을 인솔해야 하는 남편은 내가 과로로 쓰러진 줄 알고 나를 안아 침대에 눕히고는 후발대로 온 집사님에게 부탁한 후 일단 서둘러 나갔다. 그리고는 초등학교 사역을 현지 사역자에게 맡기고 급히 숙소로 돌아왔는데 내가 여전히 의식이 없고 팔다리가 축 늘어져 있자 부랴부랴 병원 응급실로 향했다.

가스에 중독되어 의식이 없던 그 시간은 너무나 고요해서 어쩌면 아주 깊은 잠을 잤다가 깨어난 것도 같았다. 하지만 병원에 도착해 처음 깰 때는 온몸이 쇠꼬챙이 바늘에 찔리는 것 같은 통증으로 고통스러웠다.

가스를 마신 내게 나타난 심각한 증세 중 하나는 실어증이었다. 남편에게 나 가스 마신 거야, 라고 아무리 말을 해도 한국어가 나오지 않아 소통이 안 되었다. 답답한 마음에 소리도 질러봤지만 내 입에서 나오는 건 어느 나라 말인지 모를 방언일 뿐이었다.

나는 방언으로 소리를 지르며 기도할 수밖에 없었다. 게다가 눈의 실핏줄이 터지면서 내 눈마저 빨갛게 변해버렸다. 그 모습을 본 현지인 목사 사모는 "나 저런 사람 많이 봤다. 저 사람 귀신 들렸다"라는 진단까지 내렸다.

그런 상황에서 태국의 지역 병원에서 해줄 수 있는 조치란 거의 없었다. 방언으로 기도하는 나에게 안정제를 주사해서 잠을 재워보겠다고 할 뿐이었다. 이런 상황에 대한 아무런 의학지식이 없다 보니 혹시 내 몸에 들어온 가스가 배출되지 않은 상태에서 안정제가 투여되면 뭔가가 잘못되어 남편에게 짐이 될까 봐 온몸으로 거절 표시를 했다.

결국 그런 실랑이 끝에 안정제를 맞지 않기로 했다. 남편은 내 의사에 따라, 병원 치료를 더 이상 받지 않고 나가서 죽더라도 병원 책임으로 돌리지 않겠다는 각서에 서명한 뒤 퇴원 수속을 밟았다.

그리고 나는 다시 단기선교팀이 머무는 리조트로 돌아왔다. 리조트에서는 방을 바꿔주고 병원에 가서 치료를 받으면 병원비를 대주겠다는 약속 외에 별다른 조치를 해주지 않았다.

가스가 새어 나온 건 리조트에서도 그간 일어나지 않았던 극히 이례적인 일이었다. 그런 상황에서 태국 병원에 다시 간다고 한들 해줄 수 있는 치료가 없다는 걸 알기에 나는 병원에 가는 걸 포기하고 침대에 누웠다.

그렇게 누운 지 얼마쯤 지났을까. 돌연, 내가 MRI 기계실에 들어간 듯 어떤 보이지 않는 통 안에 들어간 내 몸이 위아래로 스캔되면서 몸 전체에 산소가 투여되는 느낌을 받았다. 그런 현상은 무려 한두 시간이나 지속되었다.

머리부터 발끝까지 왔다 갔다 하는 그 MRI 기계통 같은 것(이렇게밖에는 표현할 수가 없다)에서 나오는 부드러운 터치로 인해 내 몸은 점점 말짱해져 갔다. 둘론 그 일은 옆에서 나를 간병하는 집사님도 모르는, 나만이 인지했던 어떤 느낌이었다.

옆을 보니 한국에서 기도 응답을 받고 선교지로 찾아왔다는 여 집사님이 내 곁에서 훌쩍거리고 있었다. 청년들 밥을 해주려고, 치앙마이로 가라는 기도 응답을 받고 휴가까지 내어 태국에 왔는데 뜻밖에도 선교사의 죽음을 보게 되는 건가 싶어 눈물을 흘리고 있었다.

그 모습을 보자 내 눈에서도 눈물이 터졌고, 동시에 입이 풀어지면서 그동안 내 마음에 쌓여 있던 하소연을 한국말로 쏟아내기 시작했다. 선교지에는 한국 단무지가 없어서 태국 대학생 사역을 위해 한국 선교팀이 가져온 단무지를 몇 개 챙겨두었는데, 그걸 본 선교팀원 중 한 명이 "저 사모는 욕심꾸러기야"라고 뒷담화를 했던 일 등등 그동안 누구에게도 하소연하지 못했던 말들이 울음을 타고 내 입에서 끊임없이 쏟아져 나왔다. 아마 그 집사님에게 내가 반쯤 미친 사람처럼 보였을지도 모른다.

그러나 나는 알았다. 그것이 그간 내 마음속 응어리졌던 사소한 것들까지 풀어내게 하시는 성령의 위로하시는 방법이었다는 것을. 단무지 때문에 오해받은 것으로도 좌절하고 낙망할 수 있는 한 선교사를 성령님은 그 손으로 붙들어 품고 살아나게 하셨다.

여호와께서 사람의 걸음을 정하시고 그의 길을 기뻐하시나니 그는 넘어지나 아주 엎드러지지 아니함은 여호와께서 그의 손으로 붙드심이로다 시 37:23,24

삶과 죽음의 경계를 넘나든 그 일 이후, 나는 아무리 힘들어도 다시는 죽고 싶다는 말을 하지 않았다. 삶과 죽음의 모든 주권이 하나님께 속했음을 알려주신 그 일을 겪으며 나 스스로 시작과 끝을 정할 수 없음을 너무도 분명히 알았기 때문이다.

돌아보니 나는 사역하다가 종종 나 혼자 널뛰기를 하는 느낌에 갑작스레 영혼의 절망 상태에 빠져들 때가 있었다. 일종의 탈진이었다. 특히 하나님의 일을 사람의 방법으로 하면서 사람 냄새를 풍기는 이들을 겪을 때면 고통스럽다 못해 절망에 빠져들곤 했다.

'어떻게 저럴 수 있을까?' 싶은 생각에 분을 내며 싸워보든지, 아니면 자기 동굴에 숨어 세상과 나를 격리하려 했다. 어쩌면 그것만이 평화를 지향하는 내가 나를 안전하게 지킬 방법이라 여겼는지도 모르겠다. 그런 내가 언젠가 선교사 부부들과 함께 집단 상담을 받을 때 상담사는 이런 말을 해줬다.

"싸움닭처럼 살려고 하지 마세요. 그러려니, 하세요."

그 두 마디가 늘 인간관계에서 모질게 나를 옥죄고 옭아매어 나 스스로 정죄하던 생각에서 탁 놓여나게 했다. 마치 나를 묶고 있던 도덕적 정죄감의 차꼬가 풀리는 것 같은 느낌이었다.

사실 우리 삶의 주인은 나도 아니고 너도 아니라 오직 하나님이시다. 절대 진리이신 하나님을 바라본다면 누군가와의 갈등 상황에서 내 생각이 틀릴 수도 있고 그 사람 말이 맞을 수도 있다고 인정하는 게 어렵지 않게 된다. 우리는 모두 과정 속에 있으며, 뭐가 옳고 그른지 당장에 판결하기 어려운 시간을 살고 있지 않은가.

그러니 언제나 옳고 그름을 당장에 판단하기보다는 '저 사람도 나도 과정 속에 있나 보다'라는 마음으로 하나님께 모든 걸 맡긴 채 살아가는 것이 지혜로운 길일 것이다. 그러면 모든 걸 주관하시는 하나님께서 때를 따라 모든 것이 합력하여 선을 이루게 하실 테니까.

네 짐을 여호와께 맡기라 그가 너를 붙드시고 의인의 요동함을 영
원히 허락하지 아니하시리로다 시 55:22

그래서 우리는 갈등하고 고통하는 현실의 모든 순간, 그때마다
말씀으로 돌아가야 한다. 말씀을 보며 말씀 가운데 접붙여지면 스스
로 지고 있던 짐도 하나님께 맡길 수 있고, 말씀의 원리를 따라 감사
함으로 움직이며 순종하는 삶을 살아가게 된다. 그러면 성령께서 친
히 삶의 아름다운 열매도 맺게 하신다.

그 사건을 겪은 후 내가 다시 말씀으로 돌아갔을 때 주님께서 내
게 주시는 말씀은 역시 십자가였다.

이제 너는 죽고 싶다는 믿음 없는 말을 하지 말고, 나와 함께 자
아를 못 박는 십자가의 길을 가라.

내가 그리스도와 함께 십자가에 못 박혔나니 그런즉 이제는 내가
사는 것이 아니요 오직 내 안에 그리스도께서 사시는 것이라 이제
내가 육체 가운데 사는 것은 나를 사랑하사 나를 위하여 자기 자신
을 버리신 하나님의 아들을 믿는 믿음 안에서 사는 것이라 갈 2:20

그렇게 십자가에서 내가 죽을 때 오히려 "항상 기뻐하라"살전 5:16 하
신 말씀을 따라 살게 됨을 경험했다. 내가 죽을 때 내 안의 성령께서

기뻐하시며 내 영혼을 진정 살아나게 하셨다.

그래서인지 이후 나는 무슨 일이 생겨도 절망의 나락에 빠지기보다 많이 웃으려 노력했고, 때로는 바보처럼 허허 웃는 사람이 되었다. 고통으로 낙망할 수 있는 순간에 자기를 부인하는 길은 내 감정과 느낌에 따르기보다 "항상 기뻐하라"라는 말씀에 순종하는 것임을 잊지 않으려 했다.

실제로 내가 그 말씀대로 순종하며 기뻐할 때, 하나님은 의인의 요동함을 허락지 않으시고, 고통의 수렁에 빠지려는 나를 건져내시며 주님께로 영혼의 닻을 견실히 내리게 하셨다.

그렇게 나는 더 이상 '왜 이런 일들이 내게 일어날까?'에 골몰하며 회의에 빠지지 않게 되었다. 이제는 예수님처럼 자신을 부인함으로 십자가의 길을 기쁨으로 가는 사람이 되기로 했다.

4
PART

기도하고 사랑하며 살아나라

여호와여 주께서

나를 살펴보셨으므로

나를 아시나이다

시 139:1

09

죽음도 막지 못할 주의 사랑에 매여

참된 복을 빌어주라

가끔은 자신이 사 놓은 땅이나 아파트값이 오르도록 복을 빌어달라는 이들을 만날 때가 있다. 예언기도가 복 주시는 하나님께 복을 비는 일이 아니겠냐는 식의 접근이다.

하지만 말씀에 순종해 하나님 뜻을 이루는 사명의 삶은 저버리고 하나님을 이용해 무언가를 얻어내는 일에만 급급한 이들을 만날 때 내 입에서는 한 마디의 기도도 나오지 않는다. 그들은 우선순위가 뒤바뀐 채 복을 우상으로 삼아 늘 다오 다오 하는 거머리 인생[잠 30:15]과 다를 바 없기 때문이다.

이와는 반대로, 더는 현세에서 받을 복이 없을 때도 자신에게 주어진 사명의 삶을 완주하려고 주의 음성에 전심으로 구 기울이는 이들을 만날 때도 있다. 그런 이들에게 예언기도는 말씀에 순종하기 위한 겸손과 헌신의 엎드림이다.

기도를 통해 주님의 말씀이 주어질 때 그들은 죽음까지도 막지 못할 하나님의 사랑에 매여 자신이 가야 할 길을 담대히 걸어가는 모습을 보여준다. 성령께서 참된 복이 무엇인지 그들에게 알려주시며 끝까지 그 복된 길을 가도록 독려하시기 때문일 것이다. 그렇게 복된 길을 갔던 사람 중의 한 사람이 서녕 자매의 어머니다.

내가 서녕 자매를 처음 만난 때는 2012년 1월이었다. 그에 앞서 2010년에 미국 미네소타 대학의 유학생들과 청년부 담당 목사님이 우리가 사역하는 태국 치앙마이를 방문했었다.

그들은 힘든 유학 생활 중에도 선교에 대한 열정을 품고 기도하다가 "치앙마이로 가라. 그곳에서 성령의 역사가 일어나고 있다"라는 성령의 음성을 듣고 우리에게 찾아왔고, 이후 매년 대학생들을 데리고 치앙마이를 방문했다. 서녕 자매도 그렇게 찾아온 단기선교팀의 일원이었다.

서녕 자매가 속한 선교팀이 왔을 때, 우리는 여느 때처럼 낮에는 대학 캠퍼스 전도를 했고 저녁에는 함께 모여 예배를 드렸으며 이후 각자 개인기도 시간을 가졌다. 당시 나도 그 시간에 이 팀을 위해 기도하다가 서녕 자매를 위한 기도에서 '몸이 아프다'라는 성령의 메시지를 받았다.

팀원 중 누군가 몸이 아프면 선교 일정에 차질이 생기기 때문에 나는 도울 일이 있으면 도와주려고, 기도를 마치자마자 자매에게 찾아가 어디가 아픈지를 물었다. 그러나 내 예상과 달리 자매로부터 아무 이상이 없다는 말만 돌아왔다.

성령님의 음성을 잘못 분별했나 싶어 다시 기도하며 여쭤봤으나 성령님은 동일한 음성을 들려주셨다. 그래서 담당 목사님에게 물었더니, 사실은 서녕 자매의 어머니가 많이 편찮으신데 자매가 그 사실을 알리고 싶어 하지 않는다고 했다.

며칠 동안 그 어머니를 위해 잠잠히 기도하며 기다렸다. 그런 뒤 서녕 자매와 대화할 기회가 생겨 가족에 대해 조심스레 묻자 어머니가 몇 년째 암 투병 중기라고 했다. 그 즉시, 한국에 가면 자매의 어머니를 만나라는 주님의 마음이 내게로 와닿았다. 서녕 자매에게 그 마음을 전하자 흔쾌히 좋다고 하며 만날 약속을 잡아주었다.

4개월 후, 나는 서울대학교에서 진행하는 '외국인을 위한 한국어교사 양성과정'의 수업을 듣기 위해 한국에 나왔다가 서녕 자매의 어머니인 신선자 집사님부터 찾아뵈었다.

그 만남에서 나는 전혀 예상하지 못한, 뭐라 표현하지 못할 충격과 감동을 받았다. 난소암으로 시작된 암이 온몸에 전이되어 여러 장기를 적출한 상태였는데도 신 집사님의 얼굴에서는 광채가 나고 입술에서는 믿음의 충만한 고백이 나오고 있었기 때문이다. 집사님은 말기 암 환자였으나 이제껏 내가 만났던 건강한 사람들 그 누구보다 더욱 아름답고 귀해 보였다.

우리는 먼저 하나님께 예배를 드리며 하나님을 찬송했다. 그런 뒤 나는 신 집사님을 위해 기도하려고 눈을 감았는데, 역시나 성령께서는 이 믿음의 사람에게 계속해서 믿음을 촉구하는 말씀을 들려주셨다.

"좁은 문으로 들어가라 하십니다. 멸망에 이르는 문은 넓고 그 길이 넓어서 그리로 들어가는 사람들은 많으나, 생명에 이르는 문은 좁고 그 길이 험해서 찾는 자들이 적다고 하십니다."

만약 이 땅에서의 삶이 끝이라면 다른 사람들이 가지 않는 좁은 길을 가라는 말씀을 듣고 기뻐할 사람이 어디 있겠는가. 그러나 그 분은 이미 우리 인생이 영생을 향해 가는 과정에 불과함을 뼛속 깊이 알고 믿는 사람이었다.

성령께서도 그 분이 영생을 향해 좁은 길을 걸으며 기뻐한다는 것을 아시고, 계속해서 십자가의 길을 갈 것을 말씀하셨다. 이런 일 당한 것을 이상히 여기지 말라고도 하셨다.

"한 알의 밀이 땅에 떨어져 죽지 아니하면 한 알 그대로 있고 죽으면 많은 열매를 거둔다고 하십니다."

투병 중인 사람들은 대부분 예수님의 만져주심으로 병이 속히 낫고 회복된다는 메시지만을 각별히 사모한다. 그러나 신선자 집사님은 한 알의 밀이 땅에 덜어져 죽어야 많은 열매를 맺는다는 내용이 선포되자 마치 사모하던 말씀이 주어진 듯 더욱 밝은 얼굴로 평소 암송하던 성경 구절을 줄줄 읊었다.

만약 자신에게 건강이 회복된다면 신학 공부를 하고 싶다는 소망을 내비치기도 했다. 정말 그럴 수 있기를 바라는 마음이 내 안에서도 간절하게 솟구쳤다. 때로 아픈 이들을 위해 기도하다 보면 고치고 회복시키신다는 말씀이 주어질 때도 있기 때문이다.

그러나 내 바람과 달리 신 집사님을 고치신다는 내용은 기도 중에 전혀 주어지지 않았다. 그럼에도 불구하고 나는 그 집을 나서면서부터 몇 개월 동안, 이분을 병에서 고쳐주셔서 하나님의 사랑을 전하게 해달라고 간절히 구했다.

그 기도를 하나님은 어떻게 받으셨을까. 나중에 들은 바에 의하면 신 집사님은 호스피스 병동에서 마지막 투병 기간을 보낼 때도 마치 아프지 않은 사람처럼, 아니 병에서 고침을 받은 사람처럼 지냈다고 한다. 담당 의사가 장기 여러 부위를 꾹꾹 누르며 "여기 아파요? 여기는요?"라고 물을 때마다 신 집사님의 대답은 한결같이 "아프지 않아요"였다고 한다. 그 대답에 의사는 고개를 갸우뚱했다.

"신기하네? 암 덩어리가 이렇게 많은데 아프지 않다니….”

의사로서 수많은 말기 암 환자들을 봐왔지만, 암세포가 간까지 전이된 상태에서 고통을 호소하지 않는 환자의 모습이 신기하다 못해 이상할 정도였다. 아다도 세상 그 어떤 복과 비교할 수 없는 하나님과의 만남을 사모하며 좁은 길을 기쁨으로 걷는 주의 자녀에게 하나님께서 특별한 은혜를 베푸셨으리라.

그러던 중 2013년 10월의 어느 아침, 신 집사님의 회복을 위해 기도하는 내게 하나님은 그녀의 임종이 가까웠음을 알려주셨다. 성령께서 말씀하셨다면 그 모든 것을 받아들이는 게 우리의 마땅한 태도일 것이다. 우리는 사랑하는 사람이 더 오래 살다 가기를 당연히 갈망하지만, 모든 것을 보고 아시는 하나님은 그분의 가장 적합한 때에 사랑하시는 자녀를 데려가신다.

그 믿음으로 나는 서녕 자매에게 연락을 취했다.

"서녕 자매, 어머니는 좀 어떠신가요?"

"네, 지금 호스피스 병동에 입원해서 치료받고 계세요."

"그래요…. 이제 마지막 시간이 된 것 같아요. 가족들에게도 알리는 게 좋겠어요."

서녕 자매를 비롯한 가족 모두 어머니의 마지막을 위한 어떤 마음의 준비도 아직 하지 않고 있을 때였다. 그러나 그날 이후 얼마 지나지 않아 하나님은 서녕 자매에게 "내 아버지 집에 거할 곳이 많도다"라는 요한복음 14장 2-3절 말씀을 주시며 어머니를 떠나보낼 시간이 임박했음을 알려주심으로써 이별을 준비하게 하셨다.

이틀 후 새벽, 신선자 집사님은 마지막 호흡을 후, 하고 내뱉고는 평안히 잠이 드셨다. 암의 고통으로 오랫동안 힘든 시간을 보내야 했지만 마지막 투병 기간에는 더욱더 기쁨으로 좁은 길을 걸음으로 유

달리 평안하셨던 집사님이 정말 고통도 슬픔도 죽음도 없는 곳, 살아생전 그토록 사모하던 하나님나라, 하나님의 완전한 다스리심을 받는 가장 좋은 곳으로 가셨다.

그 분은 살아서 쓰임 받게 해달라는 내 기도와 달리 죽음으로써 더 영광스럽게 쓰임 받았다. 신 집사님이 한 알의 밀알로 땅에 떨어져 죽은 후, 그 모든 투병 과정을 지켜봤던 남편과 작은딸이 우리 주 예수 그리스도를 구주로 믿고 영접한 것이다.

믿음의 사람 신선자 집사님은 끝까지 말씀을 붙잡고 좁은 길을 감으로써, 가장 좋은 복을 받았을 뿐 아니라 죽은 뒤에도 한 영혼을 살리는 일에 쓰임 받으면서 가장 좋은 영생의 약속을 주변에 온몸으로 전하고 떠난 진정한 축복의 통로가 되었다.

목숨보다 귀한 것을 발견했다면

죽음까지도 막지 못할 하나님의 사랑에 매여 끝까지 사명을 완수하다 마침내 가장 좋은 복을 받았을 또 한 사람은 2022년도에 미국에서 만났던 가연 자매라는 분이다.

이 자매를 만난 것은 내 딸아이의 대학 졸업식 후 가진 식사자리에서였다. 졸업식에 참석하기 위해 미국에 건너갔던 우리 부부는 식을 마치자 몇몇 분과 함께 어느 장로님 가정으로 식사 초대를 받았다. 성령의 인도하심이었는지 식사 자리에서 은사에 대한 얘기가 나왔고, 참석했던 분들로부터 기도 요청을 받아 갑작스레 몇몇 분에게 기도를 해주게 되었다.

당시 가연 자매는 30대 중반으로 아이 둘을 키우는 엄마였다. 자매에게 어떤 내용의 기도가 나왔는지는 기억나지 않는데, 다만 아직 믿음이 매우 연약한 상태라는 것이 마음에 남아 계속 중보기도를 해야겠다는 생각이 들었다.

아니나 다를까, 그 후 가연 자매가 내게 전화를 걸어와서 가연 자매를 위한 중보기도가 계속해서 이어졌다. 성령께서 하시는 일이었다. 자매가 녹음했던 기도 내용을 확인해보니 우리가 처음 만나던 날 성령께서 자매에게 주신 권면의 말씀은 다음과 같았다.

"낙망치 말라고 하십니다. 저 사람이 바뀔 수 있어, 라는 시선으로 쳐다볼 때 하나님의 시선이 그곳을 향해 같이 갈 거라고 하십니다. 또한 이 모든 어려움이 그 사람 때문에 생긴 거라는 부정적인 말들, 부정적인 생각들을 할 때마다 하나님은 '그게 아니야, 내가 너를 사랑하여서 생명을 준 것처럼 너도 누군가를 향해 나의 사랑을 전달해야 돼'라고 말씀하십니다."

"뭔가가 힘들어서 내가 그것을 놓아버리려고 할 때마다 하나님의 크신 손이 나를 꽉 붙들고서 '내가 너에게 힘을 줄 거야'라고 말씀하십니다. 그러니 절대로 그 손을 놔버려선 안 된다고 하십니다.

하나님의 크신 손이 나를 붙잡고 계셨던 것처럼, 이제 나도 그 사람의 손을 꼭 붙잡아줄 때 그 사람의 연약한 부분들이 고쳐지는 역사가 나타날 것이라고 하십니다."

"사도행전 말씀을 펴서 성령이 역사하실 때 어떤 일이 일어나는지를 보고 '내게 하나님 성령을 부어주십시오'라고 기도하라고 하십니다. 그게 세상을 이길 수 있는 힘의 원천이기 때문에 그 성령께서 내 삶 가운데 나를 이끄시고 인도해가실 것이라고 하십니다."

가연 자매는 남편과의 관계 문제에서 어려움을 겪고 있었다. 그 어려움이 상당히 커서 헤어질 결심까지 하던 자매에게 하나님은 오히려 하나님의 사랑을 보여주는 통로가 되라고 하셨다. 무엇보다 말씀을 펼쳐 읽으며 성령님을 사모할 때 성령께서 그 삶을 친히 이끌어가실 거라 하셨다. 믿음이 없다면 받기 어려운 권면이었다.

실제로 가연 자매는 기도를 처음 받을 때만 해도 '왜 내가 그렇게까지 해야 하지?'라는 생각에 예언의 말씀을 무시했고, 녹음된 기도도 다시 듣고 싶지 않았을 정도였다고 한다.

이처럼 예언기도는 으리에게 듣고 싶지 않은 내용이 주어질 때가 적지 않다. 그래서 어떤 이들은 기도를 받고 나서 되려 기도를 해준 사람에게 화를 내거나, 예언을 멸시하지 말라는^{살전 5:20} 주의 말씀에 귀를 닫아버리기도 한다.

그런데 그로부터 1-2년이 지나서 가연 자매로부터 걸려온 한 통의 전화는 이 자매가 예언의 말씀을 따르려고 얼마나 자신을 쳐 복종했는지를 알게 해주었다.

자매는 자신이 고난당한 뒤 하나님을 바라보면서야 그때 주신 예언의 말씀이 너무도 놀라운 사랑의 메시지였음을 알게 되었다고 말했다. 그러면서 자신이 받은 뇌종양 진단과 항암 투병 사실을 담담히 알렸다. 뇌암 진단 이후 믿음 없는 남편과의 사이에서 일어난 불미스러운 일들, 이에 흥분한 친정에서 이혼을 강력하게 권했던 사연도 알려줬다.

하지만 아프고 난 이후 자매는 오히려 부부가 하나 되길 바라시는 하나님의 마음에 따르기 위해 남편에게 먼저 무릎을 꿇고 손을 내밀었다고 했다. 하나님이 짝지어 주신 것을 사람이 나누지 못할지니라는^{마 19:6} 말씀에 순종하기 위해서였다.

사람이 아프다 보면 누군가를 원망하거나 자기연민에 사로잡히는 게 일반적인 모습인데, 자매는 그와 달리 하나님 말씀대로 사는 일에 전력투구했다. 놀라운 성장이고 변화였다. 그렇게 고난의 폭풍우 속에서 말씀에 순종할 때 믿음 위에 믿음이 더해진다는 걸 가연 자매는 그대로 보여주고 있었다.

그 증거가 자매가 홀로 하나님 앞에 나아가 기도하다가 방언을 받은 일이었다. 가연 자매는 병마와의 싸움뿐만 아니라 남편과의 갈등, 또 친정과의 갈등에도 으직 하나님만을 의지해 골방기도를 하다가 방언이 터졌고, 이어서 친정 식구들에 대한 환상을 보며 성령께서 친정 식구들에게 주시는 권면의 말씀까지 들었다고 했다.

중요한 것은 방언이 터지고 환상을 봤다는 것이 아니다. 그것은 그저 성령께서 오셨다는 하나의 증거로서 봐야 할 뿐이다. 내가 중요하게 말하고 싶은 본질은 하나님만을 바라는 한 영혼에게 주의 영이 임하셨다는 것이고, 그로 인해 한 영혼이 진정으로 살아났다는 것이다.

우리의 영혼은 주의 영이 임하면 산다. 죽을병에 걸리고 고통에 욱여쌈을 당해도 주의 영이 임하면 우리의 영은 지음 받은 대로 생기 있게 되살아나 생동감 넘치게 활동한다. 그러면 그 사람은 처지가 어떠하든지 자신이 받은 사명에 눈을 뜨고 부르심의 목적을 따라 살아가게 된다.

가연 자매는 자신에게 얼마의 시간이 남았는지 모르는 시점에서 성령세례를 받고 비로소 자신의 사명에 눈을 떴다. 그래서 그날에 들은 하나님의 음성을 어떻게든지 가족들에게, 또한 이 시대의 여성 주부들에게 전하고 싶다는 소망을 겸손하게 내비쳤다.

반목 중인 남편에게, 또한 아직 어린 자녀에게 어떻게 해야 하나님의 사랑을 전할 수 있는지도 고민했다. 그간 그들에게 하나님 사랑을 비춰주는 거울이 되어주지 못했던 자신의 지난날을 회개하면서….

그것은 가연 자매에게 더는 현생에서 받는 복이 중요하지 않다는 뜻이었다. 이제 자매에게 가장 귀하고 중요한 가치는 하나님이었다. 자매의 마음 안에는 오직 하나님의 말씀과 하나님의 사랑을 전하고 싶은 열정이 타오를 뿐이었다. 주의 영이 임하자 그녀는 자신에게 남은 시간이 한 시간이든 한 달이든 상관없이, 살아 있음의 본래 목적대로 살고 싶어 했다.

가장 크신 분이 가장 작은 자를 통하여

가연 자매와 두 시간 넘게 통화하던 중에 나는 몇 가지 얘기를 들려주었다.

그 첫 번째는 하나님이 과연 어떤 사람에게 하나님의 음성을 들려주시며 하나님의 사랑을 전하라 하시는지, 그리고 어떤 태도로 하나님의 메시지를 전해야 하는지에 관한 것이었다.

성경이 보여주듯 하나님은 언제나 가장 작은 자의 입술에 하나님의 말씀을 넣어주신다. 더 정확히 말하면 성령께서는 자신의 작음을 아는 겸손한 자들과 함께 일하신다.

"아람의 크고 존귀한 자"^{왕하 5:1}로 표현된 나아만 장군의 이야기를 보라. 하늘에 나는 새도 떨어뜨린다는 권력을 지닌 나아만 장군이 나병에 걸려 인생의 사형선고를 받았을 때, 그에게 구원의 메시지를 전한 사람은 결코 유명하고 유력한 사람이 아니었다. 아람 사람들이 이스라엘에서 붙잡아 와서 나아만 장군의 아내에게 수종 들게 했던 한 어린 여종이었다.

그 소녀는 포로 신분에다 나이까지 어렸기 때문에 어느 누가 봐도 가장 작은 자였다. 그런데 바로 그 소녀가 나아만 장군을 살리는 축복의 통로가 되었다.

"주인어른께서 사마리아에 있는 한 예언자를 만나 보시면 좋겠습니다. 그분이라면 어른의 나병을 고치실 수가 있을 것입니다."

왕하 5:3, 새번역

이스라엘의 엘리사 선지자를 통해 나아만 장군을 고치시려는 하나님의 구원의 뜻이 가장 작고 보잘것없어 보이는 한 소녀의 말로 전해졌다. 더 놀라운 것은 나아만 장군이 그 소녀의 말을 그대로 행했다는 사실이다.

나는 가연 자매에게 이 얘기를 하며, 하나님의 성령이 왜 하필 가연 자매의 뇌종양 투병 시기에 임했는지를 설명했다. 그녀가 아픔으로써 가장 작은 자가 됐었기 때문이다. 누가 봐도 돌봄이 필요한 아픈 사람이고 신앙 연수도 짧아서, 가족들을 향해 하나님의 뜻대로 살 것을 감히 권면하리라고는 아무도 기대하지 못할 처지인 사람이 가연 자매였다.

그런데 그런 자매가 가족들을 향해 "예수님이 눈물로써 이렇게 말쏨하십니다"라고 한다면 그걸 받아들일 수 있는 사람이 얼마나 되겠는가? 말씀을 받는 심령이 겸손하지 않다면 가연 자매를 통해 나오는 하나님의 메시지를 절대로 받아들일 수 없을 것이다.

이처럼 하나님의 말씀은 가연 자매처럼 겸손해야 전할 수 있고, 또한 나병에 걸린 나아만 장군처럼 겸손한 심령이어야 받을 수 있다는 특징을 지닌다. '성령'과 '겸손'의 연관성을 결코 간과해서는 안 된다.

나는 가연 자매에게 이를 알리며 내가 겪었던 일도 전했다. 태국 선교 사역을 열심히 하다가 내가 결코 한 영혼을 변화시킬 수 없다는 처절한 자기인식을 안은 채 도망치듯 갔던 북경에서 강권적으로 임했던 성령, 그리고 그때부터 성령의 권면과 위로의 말씀을 전할 때마다 나타났던 일들….

하나님은 내가 가장 작은 자가 되었을 때, 아니 내가 본래 얼마나 작은 자인지를 알고 그분 앞에 엎드렸을 때 찾아오셔서 하나님이 어떤 분이신지를 나타내셨다. 그러므로 작디작은 우리에게 크고 크신 주의 영이 임할 때는 무조건 복종하여 그분의 말씀에 따라야 한다.

나는 언젠가 한국의 어느 교회에서 기도하다가 성령께서 "저 남자에게 가서 기도해줘라" 하시는 말씀을 들은 적이 있었다. 처음 보는 사람인데 가서 뭐라고 기도해줘야 할지 몰라 '무슨 내용의 기도를 해주라는 건가요?'라고 물었지만, 하나님은 일단 그 남자에게 찾아가 기도하라고만 하셨다. 그러면 그때 말씀하신다는 뜻이었다.

결국 나는 더 이상 내 기도를 하지 못하고 일어나 뒷자리로 가서는 그 남자분이 나올 때까지 기다렸다가 기도를 끝내고 나오는 그에게 다가가 조심스럽게 말했다. 성령께서 무언가 주실 메시지가 있어서 같이 기도하라 하신다고. 그러자 이분이 "나는 오늘 충분히 기도했기 때문에 그런 거 필요 없습니다"라고 말하고 나가버렸다.

처음엔 '이게 뭐지?' 싶었다. 가서 기도해주라는 음성이 하나님으로부터 왔다면 그 남자에게도 같은 감동이 임해서 "기도해주세요"라고 해야 하는 게 아닌가.

그러나 다시 생각해 보면 내게 '가서 기도하라' 하신 분이 성령이시더라도, 그 남자의 태도가 틀렸다고만은 할 수 없었다. 생전 처음 보는 여자가 와서 기도하자고 할 때 경계심을 갖는 것은 당연하지 않은가.

그러니 말씀을 받아 전하는 자는 언제든 전하라 하시면 전하고 멈추라 하시면 입을 닫아야 한다. 하나님이 그 남자분에게 하실 말씀이 있었다 하더라도 당장 그의 마음이 준비되지 않았다면 내일이라도 다른 통로를 통해 그에게 말씀하실 테니 말이다.

가연 자매에게 이런 얘기를 들려준 이유는 이 자매 역시 성령세례를 경험한 이후 그와 비슷한 경험을 했다고 말했기 때문이다. 누군가에게 성령께서 전하라 하신 메시지를 전하려 했을 때 상대가 화를 내는 걸 보고 입을 굳게 다물었다는 얘기였다. 그 말에 나는 잘했다며 격려했다.

가연 자매의 그런 태도와 달리, 어떤 은사자들은 상대방이 들을 준비가 안 되어 있다는 의사 표시를 했음에도 불구하고 "하나님이 지금 말씀하라 하셨다"라면서 상대보다 더 화를 내며 강압적으로 말씀을 전하기도 한다.

그러나 이것은 부르심을 받은 일에 합당하지 못한 태도다. 성경은 우리에게 하나님의 일은 모든 겸손과 온유로 하고, 오래 참음으로 사랑 가운데서 서로 용납하며 평안의 매는 줄로 성령이 하나 되게 하신 것을 힘써 지키며엡 4:2,3 행해야 함을 분명히 알려주셨다.

하나님의 말씀을 전할 때 갈등이나 분쟁이나 거부 등 멈추라는 신호가 주어지면 곧바로 멈추어야 한다. 그렇게 멈추는 것이 겸손이다. 내가 당장 무엇인가를 전해야만 상대방이 변화될 거라는 생각, 내가 말하지 않으면 그 사람이 변화될 수 없다는 생각을 내려놓지 못하면 멈춰야 할 때 멈출 수가 없다. 그 생각이야말로 오직 나 자신만이 하나님의 통로라 여기는 교만이 아니겠는가.

사람을 변화시키는 주체는 내가 아니라 하나님이시다. 하나님은 내가 전하지 못할 때 수많은 다른 통로를 통해 그분의 뜻을 전하신다. 그분은 우리가 생각지도 못하고 상상하지도 못한 방법으로, 우리의 때가 아닌 하나님의 때에 사람을 고치시고 살리신다.

만약 은사자들에게 하나님의 주권에 대한 이런 믿음이 없다면 때마다 나타나는 사람들의 거부나 갈등 상황을 상처로 받아들여 하나님의 일을 잘못된 방식으로 행하게 된다.

혹은 내가 본 것을 당신들은 보지 못했고, 내가 들은 것을 당신들은 듣지 못했다며 상대를 정죄하고 비난하는 일에 앞장서기도 한다. 그러면 안타깝게도 성령으로 충만했던 이들이 교만의 틈을 타고 들어온 사탄에게 종노릇을 하게 된다.

그러니 사명에 눈을 뜬 사람일수록 반드시 기록된 말씀으로 돌아가 주야로 말씀을 묵상해야 한다. 말씀이 내 안에 충만하면 하나님의 주권에 대해 반기를 들 수가 없어진다. 말씀이 충만하게 차오르면 내가 하나님 말씀을 따라가게 되지, 내가 하나님을 향해 내 말대로 하셔야 한다고 말할 수 없어지는 것이다. 그때 비로소 주어진 사명을 올바로 감당할 수 있다.

전쟁에서 이기는 최후승리자

말씀으로 돌아가야 하는 또 하나의 이유는, 오직 말씀만이 영적 전쟁에서 이기게 하는 강력한 무기이기 때문이다. 이것에 대해 가연 자매는 이렇게 증언했다.

"선교사님의 기도에서 들은 대로 남편에게 순종하려 해봤지만 남편과의 갈등이 깊어지면서 제 마음이 많이 어려웠어요. 남편이 변화될 것 같지 않으니까 제 안에 억울함이 커지더라고요. 기도하면서 얼마나 울었는지 몰라요. 저는 남편을 도저히 사랑할 수가 없어요, 라고 하면서요.

그런데 성경으로 돌아가라는 선교사님의 권면대로, 날마다 성경을 펴서 말씀을 묵상하던 어느 날 성령께서 그러시는 거예요. '너는 그저 말씀대로만 순종해라. 그러면 너도 남편을 사랑하게 될 거야. 너에게 사랑을 주는 것도 나란다'라고요.

그 후 정말 그대로 이루어졌어요. 저는 그냥 주시는 말씀에만 하루하루 순종했는데 어느 날부터 남편이 사랑스러워 보이는 거예요. 이제는 제가 남편을 진심으로 사랑하게 되었어요."

가연 자매의 고백처럼, 우리가 말씀으로 돌아가면 하나님의 뜻에 순복할 마음이 생기고, 그러면 "남편에게 순종하라"라는 말씀에 따를 힘도 주어진다.

또한 그 말씀대로 따르다 보면 내가 먼저 '사랑의 사람'으로 변하는 것을 경험한다. 누군가를 변화시키기 이전에 내가 먼저 변화됨으로써 누군가에게 영향력을 끼치게 되는 것이다. 말씀을 보는 동안, 상대방의 문제와 삶의 고통만 보던 나의 시선 안에 말씀이신 예수님이 찾아오셨기 때문이다. 상대방의 문제만 보던 내 눈동자에 사랑이신 예수님이 머무셨기 때문이다.

그래서 말씀으로 돌아간 사람들은 하나같이 신구약 성경의 일관된 주제인 예수 그리스도의 삶과 길에 마음을 두게 된다. 그러면 이전에 가졌던 두려움이나 염려, 억울함 같은 감정은 사라지고, 예수님의 길을 따르려는 열망과 의지가 그 사람을 압도하기 시작한다. 예수님이 가신 길을 나도 따르고 싶어지면서, 한 알의 밀알이 땅에 떨어져 죽음으로 열매를 맺는 진정한 승리의 길에 한 발짝 다가서게 되는 것이다.

그날 나는 가연 자매가 이미 그런 삶의 길에 들어섰음을 직감하며 마음이 뭉클했다. 그래서 자매에게 우리 둘 다 사랑의 말씀을 붙잡고 이 영적 전쟁에서 반드시 이겨내자고 격려했다.

그것은 가연 자매가 거창한 무언가를 해내야 한다는 뜻이 아니었다. 주님이 말씀하신 그대로, 투병의 과정이 아무리 어렵고 힘들어도 '돕는 배필'로 지음 받은 자신의 자리를 이탈하지 말고 끝까지 가정을 지켜내는 삶을 사는 일이었다.

그렇게만 할 수 있다면 성령께서 친히 그 가정을 살리시고, 가연 자매의 비전대로 그 가정을 통해 주변의 다른 이민 가정까지 살아날 거라는 얘기도 나누었다.

가연 자매에게 그런 얘기를 하다 보니 문득 나의 청년 시절, 처음 성령세례를 받고 어떻게 하면 이 좋으신 하나님을 전할 수 있을까를 고민하던 때가 떠올랐다. 주님과의 첫사랑에 붙들려 어떻게든 주님을 전하고 싶어 애가 탔던 나는 밥을 굶어가며 모은 돈으로 성경을 사서 말씀을 읽고 또 읽었다.

어쩌면 나는 그때 알게 되었는지도 모른다. 마음을 다하고 뜻을 다하고 힘을 다하여 주님을 사랑한다는 것은 마음을 다하고 뜻을 다하고 힘을 다하여 주님께서 내게 주신 말씀 한 구절에 죽기까지 순종하는 것임을.

그러므로 교회가 그리스도에게 하듯 아내들도 범사에 자기 남편에게 복종할지니라 엡 5:24

가연 자매야말로 이 한 말씀에 순복하기 위해 자신의 목숨까지도 아끼지 않는 사람이었다. 교회가 그리스도께 하듯 마음을 다하고 뜻을 다하고 힘을 다하여 남편을 사랑하기 위해, 자매는 자신의 몸을 돌보는 일조차 작게 여기고 있었으니까.

어쩌면 그것이 자매에게 주의 영이 임했다는 명백한 증거일지도 몰랐다. 뇌에 악성종양이 찾아와 몸과 마음이 다 죽어가던 시절에 찾아오신 주의 성령께서는 가연 자매를 살리셔서 말씀에 순종하게 하심으로 그 가정과 다른 누군가가 살아나도록 인도하셨다.

나와 두 시간 넘게 통화하며 가정의 회복을 함께 꿈꾸었던 그 날 이후로도 가연 자매는 계속되는 항암 치료로 처절하고 힘든 나날을 보내야 했지만 그럼에도 아내와 엄마의 자리를 끝까지 지켜내며 말씀의 증인으로서 자신의 삶을 살아냈다. 그리고 하나님의 뜻하신 때에 자신의 사명을 다 마치고 영원한 하늘나라로 평화로이 떠났다.

그러자 장례식에 참석한 사람들 모두는 예수 믿는 사람의 장례식이 얼마나 아름다운 천국 환송 예배가 될 수 있는지를 영으로 느끼며 천국 소망을 고백했다고 한다.

가연 자매는 주의 궁정에서의 한 날이 악인의 장막에서의 천 날보다 낫다는[시 84:10] 다윗의 고백대로, 짧은 생애였지만 마지막 투병 중에

하나님과 함께 사는 가장 좋은 날들을 보내다 떠난 사람으로 모두
의 가슴에 남았다.

지금도 많은 사람이 믿음으로 살다가도 극심한 고통을 만나면 사
랑하는 이들과 불화하는 것은 물론, 하나님까지도 떠나버린다. 그러
나 가연 자매는 오히려 처절한 투병의 시기에 찾아오신 성령의 생명
의 능력으로 사랑의 빛을 밝히다 영생을 얻은 진정한 최후승리자가
되었다.

10

다음세대를 위한 최고의 선물

마음을 여는 기도를 위하여

사람은 항상 무언가를 갈망하며 산다. 어릴 때는 장난감과 먹을 것들을 갈망하고, 나이가 들수록 세상살이의 실제적 힘이 되는 돈, 명예, 권력 등을 갈망한다. 그러다 인생의 깊은 수렁에서 인간 존재의 처참하고도 무력한 실상을 경험할수록 그 갈망은 점차 하나님께로 향하게 된다.

영혼의 불이 꺼진 캄캄한 시절을 겪어보면 오직 전능하신 하나님의 빛만이 우리를 어두운 데서 불러내어^{벧전 2:9} 생명 샘물로 인도한다는 것을 알게 되기 때문이다. 그때부터 그 사람의 영혼은 목마른 사슴이 시냇물을 찾아 나서듯 하나님을 찾기에 갈급^{시 42:1}해진다.

그런데 성경은 그런 우리보다도, 전지전능하신 하나님이 더 간절히 우리와 만나고 싶어 하신다고 말씀한다. 하나님을 향한 우리의 갈망보다 우리를 향한 하나님의 갈망이 더 크다는 것이다. 예수님이 문밖에 서서 우리 마음을 항상 두드리신다는 이 말씀을 보라.

볼지어다 내가 문밖에 서서 두드리노니 누구든지 내 음성을 듣고 문을 열면 내가 그에게로 들어가 그와 더불어 먹고 그는 나와 더불어 먹으리라 계 3:20

예수님은 우리가 하나님을 찾기도 전에 먼저 우리 마음을 두드리신다. 하나님 없이 살 수 없는 우리 존재의 연약함을 아시고 우리 안에 오셔서 도와주시려는 하나님 사랑의 열망이 그만큼 더 크다는 뜻이다.

그런 하나님을 만나고 싶다면 그저 마음을 그분께 열어드리면 된다. 그러면 예수님이 친히 우리 안에 찾아오셔서 그분의 빛으로 우리의 어둠을 몰아내신다.

기도란 그렇게 우리 마음을 열어서 하나님과 만나는 일이다. 우리 마음을 열 때 찾아오시는 하나님과의 접촉이 이루어져서 하나님의 사랑과 능력이 우리 가운데 펼쳐지는 일, 그것이 바로 기도라 할 수 있다.

그렇다면 '마음'이란 무엇인가? 마음이 대체 무엇이길래 마음을 열 때 하나님이 우리 안에 찾아오셔서 그 모든 일을 행하신다고 하는 것일까?

마음이란 신체의 일부분이 아니므로 만질 수도 볼 수도 없지만, 사람에게 존재한다는 것만큼은 분명하다. 사람들이 “마음이 아프다”라고 말하면서 심장 가까운 곳을 어루만지기도 하지 않는가. 또한 “생각이 많아서 마음이 복잡하다”라는 말도 종종 하며 살아간다.

잠언에도 마음에 대한 말씀이 많이 나온다. “슬기로운 자는 지식을 감추어도 미련한 자의 마음은 미련한 것을 전파하느니라”잠 12:23 라는 구절에서는 마음을 ‘말을 하는 행동’과 동일시하고 있다. 잠언 12장 25절에서는 “근심이 사람의 마음에 있으면 번뇌하게 된다”라고 말씀한다. “의인의 마음은 대답할 말을 깊이 생각하여도”잠 15:28나 “지혜는 명철한 자의 마음에 머물거니와”잠 14:33 같은 구절에서도 마음이 곧 생각이라는 것을 유추해볼 수 있다.

예수님은 중풍병자를 고치시는 현장에서 한 서기관이 속으로 ‘이 사람이 신성을 모독하도다’라고 혼자 생각한 것을 꿰뚫어 보시고 그들에게 말씀하셨다.

예수께서 그 생각을 아시고 이르시되 너희가 어찌하여 마음에 악한 생각을 하느냐 마 9:4

이러한 말씀들을 종합해 보면 마음이란 우리의 감정과 이성과 생각의 중심이라 정의할 수 있다. “모든 지킬 만한 것 중에 더욱 네 마음을 지키라 생명의 근원이 이에서 남이니라”잠 4:23라는 말씀대로, 마음은 우리 생명의 중심인 것이다.

따라서 하나님께 내 마음을 연다는 것은 내 생명의 중심이 되는 감정과 이성이 하나님을 하나님으로 인정한다는 뜻이다. 하나님을 신뢰해서 그분의 말씀을 듣고 감정, 이성, 생각이 그 말씀에 순종하겠다고 동의하는 일이다.

그렇다면 어떻게 해야 마음을 하나님께 열 수 있을까? 마음을 하나님께 열기 위해 무엇을 해야 할까? 하나님께로 마음을 열기 위해 가장 중요한 것은 단연코 ‘하나님의 음성’, 즉 ‘하나님의 달씀’을 듣는 일이다. 하나님의 말씀을 들어야 마음을 하나님께 열 수 있다.

성경은 “귀 있는 자는 성령이 교회들에게 하시는 말씀을 들을지어다”계 3:22라고 말씀한다. 그약에서도 이스라엘 백성을 향해 무수히 선포된 말씀이 “들으라 이스라엘아”였다. 신약에서도 예수님은 “내가 진실로 말하노니”라고 하시며 그분의 음성을 귀담아들을 것을 강조하셨다. 요한계시록 3장 20절 말씀대로, 주님께서 마음을 두드리실 때 우리는 반드시 그분의 음성을 들어야 마음을 열 수 있다. 그것은 말씀을 들으면 비로소 우리 마음이 열린다는 뜻이기도 하다.

그런 면에서 예언기도는 하나님이 어떤 분이신지를 전함으로써 하나님의 메시지를 듣는 당사자가 하나님께 마음을 열도록 돕는 기도라 할 수 있다. (어떤 이유에서든) 예수님의 음성을 듣지 못하는 이들에게 그분의 마음을 전함으로써, 그것을 들은 당사자가 예수님을 향해 마음을 열도록 돕는 기도인 것이다.

이 부분에서 나는, 다음세대에게 신앙의 바통을 건네야 하는 우리의 사명을 어떻게 감당해야 하는지를 말하고 싶다. 다음세대에게 신앙의 바통을 건네주려면 그들에게 여러 채널을 통해 하나님의 말씀을 들려줌으로써 그들이 하나님께 마음을 열 수 있도록 도와야 한다.

언제부터인가 내가 기회가 닿을 때마다 어른들은 물론 어린아이들에게까지 예언기도를 하게 된 것도 바로 그런 이유에서였다. 다음세대인 우리 자녀들도 하나님께 마음을 열어야 하나님을 만날 수 있기에, 나는 아이들을 볼 때마다 한 구절의 성경 말씀이라도 전하기 위해 때로는 처한 상황을 콕 집어 전하며 하나님의 위로와 권면의 음성을 전하게 되었다. 아니, 성령께서 그렇게 인도하셨다고밖에는 말할 수 없는 일들이 생겼다.

성령님은 어른들에게만 말씀하시는 분이 아니라 오히려 하나님을 단순하고도 깨끗한 심령으로 믿는 아이들에게 더 가까이 다가가 말씀하시는 분이었다. 그러면 아이들은 마음을 활짝 열어 성령님을 마음에 받아들였다.

밤늦도록 선교사를 기다렸던 그 아이

몇 년 전에 만났던 지성이가 그런 아이 중의 한 사람이었다. 그날 나는 불의의 사고로 가장을 잃은 어느 가정을 방문해달라는 요청을 받고 늦은 시간에 그곳으로 걸음을 옮겼다.

그 집에 갔을 때, 잠잘 시간이 훨씬 지났는데도 기도를 해준다는 무명의 선교사를 한 초등학생이 기다리고 있다는 사실에 놀랐다. 아이를 보자 기도해주라는 성령의 감동이 대번에 느껴져 "선교사님이 너를 위해 기도해줘도 되겠니?"라고 물었고 그 아이가 "네"라고 대답하여 기도해주게 되었다.

기도를 시작하자 성령께서는 이 아이가 아빠의 죽음을 자신의 탓으로 여겨 자책하며 슬퍼한다는 것을 알려주셨다. 또한 사랑하는 엄마마저 아빠처럼 갑자기 세상을 떠나면 어쩌나 하는 두려움에 사로잡혀 있음도 보여주셨다.

그런 아이의 모습이 마치 날개 꺾인 작은 새처럼 보여 기도하는 내 마음이 너무도 애달팠다. 그런 지성이를 향해 인격적이신 성령께서는 다음과 같은 메시지를 들려주셨다.

"절대로 엄마를 데려가시지 않는다고 하십니다. 아빠가 돌아가신 건 너 때문이 아니라고 하십니다."

나중에 들어보니 지성이는 "너의 엄마는 죽지 않아"라는 말이 너무도 듣고 싶어 하나님께 간절히 기도했었다고 한다. 그 기도를 들으신 하나님께서 아빠 잃은 슬픔과 엄마마저 잃을까 싶은 두려움으로 영혼이 파리해져 가던 그 아이에게 하나님의 위로를 전해주신 게 아니었을까 싶다.

위로의 하나님은 거기서 그치지 않으시고 하나님이 지성이의 진정한 아빠가 되어주신다는 약속의 말씀도 잊지 않고 들려주셨다. 지성이에게 주시는 최고의 복된 메시지였다.

기도를 마치고 눈을 떠보니 눈물이 번진 지성이의 작은 얼굴이 안도의 밝은 미소로 환히 빛나고 있었다. 아이의 마음이 하나님을 향해 활짝 열렸다는 증거였다.

그러면 된다. 아이의 마음이 하나님께 열렸다면 이제부터는 그 마음 안에 찾아오신 예수님이 그 아이의 모든 삶을 친히 인도하실 것이다. 나는 그 생각을 하며 속으로 감사 찬양을 하나님께 올려드렸다.

지성이를 비롯해 아이들을 위해 기도를 하다 보면 대부분의 아이들은 하나님이 자기를 아신다는 사실에 많이 놀라며 감탄한다. 같이 기도하던 엄마에게 "엄마가 선교사님한테 나에 대해 전부 다 일러바쳤지?"라고 따지는 아이도 있다. 그렇지 않고서야 선교사님이 자신에 대해 이렇게까지 잘 알아맞힐 리 없다는 것이다.

그럴 때 중요한 것은 하나님이 어떤 분이신지를 잘 가르쳐주는 일이다. 사람이 아니라 하나님이 나를 아시는 것이 얼마나 든든한 위로요 소망인지를 말씀으로 알려줘야 한다.

여호와여 주께서 나를 살펴보셨으므로 나를 아시나이다 주께서 내가 앉고 일어섬을 아시고 멀리서도 나의 생각을 밝히 아시오며 나의 모든 길과 내가 눕는 것을 살펴보셨으므로 나의 모든 행위를 익히 아시오니 여호와여 내 혀의 말을 알지 못하시는 것이 하나도 없으시니이다 시 139:1-4

우리의 필요를 다 아시는 하나님, 우리의 상한 마음까지도 다 아시는 하나님을 아이들에게 알려주면 아이들은 하나님을 더 알고 싶어 한다. "하나님이 그런 분이라고요?"라며 마음의 문을 활짝 열고 하나님께 한 발 더 다가선다.

하지만 때로는 이와 다른 경우도 있다. 부모의 요청을 받아 사춘기 자녀들을 위해 기도하러 갔는데 경계심을 보이는 청소년들을 만날 때다. 그런 아이들을 만날 때 나는 잠시 대화만 나누고는 기도하지 않고 그 자리를 뜬다. 아직 하나님께 마음을 열려고도 하지 않고 마음의 준비가 되어 있지도 않은데 일방적으로 기도한다면 오히려 아이가 하나님을 강압적인 분으로 알고 마음을 닫아버릴 수 있기 때문이다.

간혹 부모 자신은 기도하지 않으면서 아이가 나를 만나 기도 받으면 문제가 해결될지 모른다는 안이한 마음으로 "선교사님에게 꼭 기도 받아야 해"라고 강요하는 부모도 있다. 그럴 때 아기는 엄마의 강압 때문에 어쩔 수 없이 나를 만났다가 나를 노려보며 씩씩거리기도 한다.

아이가 빨리 하나님께 돌아오기를 바라는 부모의 마음은 이해하지만, 예언기도는 사람이 억지로 할 수 없는 일이고 또한 성령님의 인도하심을 바라며 때를 기다려야 하는 일임을 기억해야 한다. 하나님께서 우리를 진멸하지 않고 기다려주시듯[애 3:22] 부모도 자녀의 변화를 기다리며 인내하는 시간을 지나야 한다.

작은 돌을 던지는 자가 되라

아이들을 볼 때마다 내 마음이 뜨거운 이유는, 나 또한 딸아이를 키우는 엄마이기 때문이다. 엄마로 살다 보니 다음세대에게 가장 좋으신 하나님을 소개함으로 그들이 예수 그리스도를 믿어 영생을 얻을 뿐 아니라 더 풍성한 삶을 살기를[요 10:10] 바라는 마음이 항상 간절했다.

딸 예나를 낳고 키우는 동안 나 역시도 여느 부모들처럼 아이에게 좋은 환경을 제공해주고 싶었다. 그러나 그런 생각이 클수록 부모인 우리의 무능함이 부각될 뿐이었다. 선교헌금을 받아 생활하고 사역하는 선교사 부모인 만큼, 아이에게 더 나은 환경을 제공해주는 일에 다른 이들보다 훨씬 더 미약함을 느낄 수밖에 없었다.

그렇다고 먹는 것, 입는 것, 사는 환경에 대한 안타까움이 큰 것만은 아니었다. 때로는 간장 하나에 밥을 먹고 에어컨 없이 40도 더위를 견뎌야 하기도 했지만, 우리 세 식구는 개의치 않고 감사하며 살

수 있었다. 오히려 그렇게 아낀 것을 모아 선교 사역을 위해 드리는 기쁨을 세 식구가 함께 누리기도 했다.

그런데 아이의 대학 진학 문제 앞에서는 우리의 환경적 결핍이 너무도 뼈아프게 다가왔다. 아이를 마음껏 지원하지 못하는 부모의 현실적 형편이 아이가 꿈을 꾸며 미래로 나아가려는 마음을 좌절시킬 수 있음에 대한 아픔이었다. 그럼에도 성령께서는 아이를 하나님께 맡긴 채 태국에서는 선고 사역에, 한국에 나오면 기도 사역에 집중하도록 우리의 삶을 인도하셨다.

그래서인지 딸아이를 위해 기도할 때마다 미안함에 눈물이 났다. 기도하면 할수록 딸아이를 위해 내가 할 수 있는 일이 아무것도 없다는 현실만 실감 났다.

하나님께서 하실 거라는 막연한 믿음은 있었지만, 불가능해 보이는 현실 앞에서 그 믿음이 종종 흔들렸다. 어느 날 한국에 딸아이와 같이 나왔다가 성령의 감동을 따라 딸아이를 붙잡고 그 아이를 위해 예언기도를 했던 때도 그와 같은 때였다.

예나 또한 예민한 청소년기에 접어들면서 진로 문제로 갈피를 못 잡고 있었다. 그런데 그 시기에 성령께서 딸아이에게 찾아와 그 마음을 위로하시고 진로를 위해 여러 가지를 권면하셨다. 예나로서는 처음 겪는 일이었지만. 그 일을 계기로 예나는 하나님께 자신의 마음을 열어 하나님과 므든 일을 상의하기 시작했고, 예나의 마음에 찾아오신 성령께서 예나의 진로를 친히 열어가셨다.

다음은 그 일을 직접 기록한 예나의 간증문이다.

자녀의 증언 : 송예나

불가능을 가능케 하신 하나님

언제부터인가 저는 미국 대학에 다니고 싶었습니다. 아마도 중학생 시절 SAT(미국 수능 시험)를 준비하면서 자연스레 찾아온 생각이 아니었나 싶습니다. 아시아 대륙에서만 살아왔던 터라 미국에 가서 공부하는 게 새로운 세계를 맛볼 수 있는 첫 발걸음이라는 생각이 들었던 것 같습니다. 하지만 그것이 하나님께서 허락하신 길인지 아니면 그저 제 욕심일 뿐인지 확인할 수 없어 뚜렷한 목표의식 없이 살아가고 있었습니다.

그러다 방학을 맞아 엄마와 함께 한국에 나왔던 어느 해, 예언사역을 하시던 엄마가 갑자기 옆 방에 있던 저를 부르시고는 저를 위해 기도해주신다고 하셨습니다. 엉겁결에 네, 하고 기도를 받게 된 저는 기도를 받고 많이 놀랐습니다. 제 마음속의 생각을 다 읽으신 하나님께서 그날 분명히 "미국으로 가는 것이 합당하다" 라고 하셨기 때문입니다. 하나님께서 제 마음의 소원을 아신다는 사실에, 또한 제가 미국으로 가는 것을 하나님께서도 원하신다는 사실에 얼마나 기뻤는지 모릅니다.

나중에 들은 얘기지만 엄마는 예언기도 중 그런 내용이 나와서 적잖이 당황하셨고, 제가 정말 미국으로 갈 수 있을지 믿어지지 않았다고 하셨습니다. 그러나 저는 그 기도를 듣고 뛸 듯이 기뻐서 그 기도의 내용을 아예 책상 앞에 써 붙이고는 미국 대학 진학을 목표로 삼게 되었습니다.

이후 저는 엄마를 통해, 어느 권사님과 그 아들인 승민 오빠의 미국 대학 진학과 관련한 간증을 들었습니다. 그걸 듣고 마음에 깊은 도전이 되어 기도하던 무렵, 하나님은 또다시 예언기도 중에 이렇게 말씀하셨습니다.

"작은 돌을 던지는 자, 목표를 향해서 계속 그 돌을 던질 때 처음에는 조그맣게 구멍이 뚫어지고 더 크게, 조금 더 크게 해서 네가 생각지도 못한 그런 큰 구멍이 뚫리게 될 거라고 하십니다."

"주님을 사랑하는 그 마음과 하나님 말씀 따라서 가고자 하는 열망을 하나님이 보셨기 때문에 하나님의 섭리하심과 도우심이 떠나지 않을 거라고 하십니다. 마음에 소원을 주신 대로 하나님께서 그 길을 가게 하실 것이라고 하십니다. 끝까지 최선을 다해서, 내가 할 수 있는 데까지 그 작은 돌을 계속 던져서 목표를 향해 큰 구멍을 내는 자가 되라고 하십니다. 최고의 지성을 향하여 도전해보라고 하십니다. '승민 오빠한테 하나님께서 하셨듯이 하나님, 저에게도 그렇게 역사해주세요' 한 그 기도대로 하나님께서 들으시고 응답하실 거라고 하십니다."

이때를 계기로 저는 미국 대학 진학을 위한 준비에 전념하기 시작했습니다.

우선은 미국 대학이 내신 성적과 수능 시험 점수만 보지 않고 다방면에서 적극적으로 활동하는 학생들 위주로 뽑는다는 정보를 귀담아들었습니다. 그래서 평소 내성적이고 소극적인 제 성격을 뛰어넘는 도전을 계속해서 시도했습니다.

앞에 나서기를 좋아하는 편이 아니었지만, 학교에서 리더십을 발휘할 기회라 생각되는 학생회와 반장선거에 해마다 나갔고, 감사하게도 선거에 나갈 때마다 리더로 뽑히게 되었습니다. 또 학교에서 주최하는 모의 유엔, HIV/AIDS 아이들 봉사활동, 밴드부, 축구부는 물론, 성경공부 인도와 교회에서 찬양팀과 조장을 맡아 다양한 활동들을 최대한 꾸준히 많이 했습니다.

그러다 보니 학교 공부가 버거워서 새벽까지 학교 숙제를 하다가 쪽잠을 자고 다시 일어나서 학업을 지속하는 날도 있었습니다. 힘들었지만 미국 대학에 가려면 높은 성적을 유지하는 것은 기본이라는 생각에 목표를 향해 열심히, 꾸준히 달렸습니다.

하지만 "미국에 가는 것이 마땅하다" 라고 들은 후에도 저는 믿음이 부족했습니다. 미국 대학에 들어가는 것은 상당히 많은 돈이 들 텐데 선교사인 부모님이 학비를 대주실 능력이 없다는 것을 잘 알았기 때문입니다.

이런 현실에서 엄마조차 미국 대학에 가는 것을 권하지 않으셨고 아빠는 더욱 심하게 반대하셨습니다. 평생 믿음으로 살아온 부모님이시지만 선교사로서 미국 대학의 그 비싼 학비를 감당할 수 없으리라 생각하신 것입니다. 그러다 보니 저도 은연중 제가 과연 원하는 대학에 갈 수 있을지, 간다고 한들 학비는 어디서 구해야 할지 염려가 떠나지 않아 괴롭고 심란했습니다.

그럴 즈음, 하나님은 또 한 번 예언기도를 통해 믿음을 갖게 하시고 희망을 품게 하셨습니다. 평소에는 미국 대학 진학에 회의적이던 엄마였지만 나를 위해 눈을 감고 기도해주실 때마다 엄마의 입을 통해 나오는 성령의 메시지는 동일했습니다. 그즈음의 내 고민을 아시는 성령께서는 아무것도 염려하지 말라는 권면부터 주셨습니다.

"하나님이 길을 인도해주실 것이니 염려하지 말라고 하십니다. 사막에 길을 낸 것처럼 반드시 길을 내실 것이고, 지금 걸어가는 길이 옳기 때문에 그대로 길을 걸어가라고 하십니다."

"시간을 쓰는 일에 집중해서 자신의 목표를 향해 걸어가라고 하십니다."

"언제나 하나님 앞에 기도하며 하나님의 도우심을 구하라고 하십니다."

"믿음을 달라고 기도하고, 믿음대로 구할 때 하나님께서 주실 것이라고 약속하십니다. 이 시기가 주님 안에서 준비하는 시기이기 때문에 그 준비를 어떻게 하는지에 따라 내가 어떻게 걸어가야 하는 방향이 정해질 것이고, 그 길을 따라서 가게 되면 반드시 열매 맺히는 삶이 될 거라 하십니다. 그러니 걱정하지 말고 두려워하지 말라고 하십니다. 구하는 자에게 주시는 하나님이십니다. 이것이 욕심을 따라서 가는 길이 아니라 하십니다. 하나님이 내 마음 가운데 소원을 주셨기 때문에 그 소원대로 따라가라 하십니다."

"하나님이 모든 일 가운데 앞서 행하실 것이라고 약속하십니다."

"하나님께서 많은 사람을 붙이셔서 앞길 가운데에 장애물이 없게 하시겠다고 하십니다. 이 말은 학비에 대한 것이라고 하십니다. 그것 때문에 하나님께서 가라고 하시는 곳에 가지 못하는 자가 되지 말라고 하십니다.

입을 크게 벌려서 구하라고 하십니다. 하나님께서 마음에 한 소망을, 소
원을 주신 대로 그대로 행할 것이기 때문에 사람의 말에 이끌리지 말고,
그곳을 향하여서 묵묵히 걸어가라고 하십니다.”

마침내 제가 12학년(고3)이 되어 미국 대학들에 원서를 넣어야 하는 시
기가 찾아왔습니다. 어릴 때부터 교회에서 자라왔고 항상 선교사 자
녀를 위한 학교에 다니며 소위 말하는 크리스천 버블에서 살았던 저
는, 대학만큼은 일반 대학에 진학해서 제 신앙에도 도전이 되길 바랐
습니다.
하지만 목표로 하는 대학에 들어가는 문턱은 한없이 높아 보였습니다.
여러 대학의 진학 상담사분들과 상담을 해도 선교사 자녀 형편으로는
미국에서 말하는 소위 좋은 대학에 진학하기 힘들다는 말만 하셨고,
심지어 어떤 분은 ‘불가능’이란 단어로 단정 짓기도 하셨습니다.
귀가 얇은 저는 그런 말들에 위축되어 의심이 생기기 시작했습니다.
또한 미국에 한 번도 가보지 않았기 때문에 수많은 미국의 대학들 가
운데 어떤 곳에 원서를 넣어야 할지 감조차 오지 않았습니다. 그러자
하나님은 이번에도 엄마와 기도하던 중 하나님만 바라보며 말씀을 붙
들고 믿음으로 도전하라고 하셨습니다.

“가는 길을 모르기 때문에 어두워 보이고 또 막막해 보이고 두려움을 갖
는 것이라고 하십니다. 모르는 길을 갈 때는 손에 무엇을 들고 가야 하는
지 보라고 하십니다. 그 길을 가는 지도를 들고서 가야 하고 또 어두운
길을 갈 때는 손에 등불을 들어야 하는 것처럼, 알지 못하는 길을 가려고
할 때 하나님의 말씀을 들고 가야 한다고 하십니다.”

"담대하라고 하십니다. 이기 하나님께서 마음 가운데에 한 소원을 주셨다고 하십니다. 듣는 것으로 인하여서 마음이 이렇게 저렇게 흔들리지 말라고 하십니다. 이미 손에 지도를 들고 가지 않냐고 하십니다. 그것을 펴서 하나님께서 지시하는 곳으로 가는 것이라고 하십니다. 기도하면 기도할수록 그 길이 선명해질 것이라고 하십니다. 그곳에 한 지점으로 하나님께서 보내실 것이라고 하십니다. 그러니 두려워하지 말라고 하십니다."

"엄마의 말은(미국 대학에 못 보낼 것 같다는 평소 엄마의 말) 단지 엄마의 말일 뿐이라고 하십니다. 하나님께서 마음 가운데 주신 그 지점을 따라서 가라고 하십니다. 그 길은 헷갈리지도 않고, 복잡하지도 않고 단순하고 명료하다고 하십니다."

"지금 사람들의 말속에 갇힌 것처럼, 답답한 어떤 사각의 상자 속에 갇혀 있는 그런 상태이지만 주님께서 주셨던 말씀을 붙들고 가라고 하십니다. 재앙이 아닌 소망을 주시는 그 하나님을 붙들고 가라고 하십니다. 부르짖고 하나님 앞에 답을 그할 때 하나님께서 선명한 답을 주실 것이라고 하십니다. 지금 펼쳐져 있는 길이 너무 많은 것처럼 보여서 답답한 마음이지만 그 길들이 펼쳐진 것들을 향하여 기도할 때 하나님께서 한 지점을 선명하게 보여주실 것이라고 하십니다."

이때 재미있었던 것은 엄마가 평소에는 미국 대학에 못 보낼 것 같다고 하시지만, 눈을 감고 기도하실 때마다 성령께서는 정반대로 말씀하신다는 것입니다. 성령님은 이에 대해 "엄마의 말은 엄마의 말일 뿐"이라고 못 박아주셨습니다.

결국 저는 미국 대학에 원서를 넣게 되었습니다. 그러나 원서를 넣으면서도 많은 우여곡절이 따랐습니다. 원서 넣는 과정이 제 뜻대로 쉽게 풀리지 않기도 하고, 미국 대학에 팩스를 보내야 하는데 팩스 기계가 고장 나서 겨우겨우 보낸 일도 있었습니다. 또 지원했던 1,2지망 대학들에 장학금을 신청한 탓에 떨어지기도 했습니다.

그렇게 실패를 연달아 겪고 난 뒤 체념하다시피 하며 졸업여행을 갔는데, 정말 생각지도 못한 대학에서 합격 통보를 받았습니다. 그 대학은 지원하는 데에 크게 어려움도 없었고, 합격에 큰 기대도 안 했는데 합격을 한 것입니다. 정말 하나님께서 말씀하신 그대로였습니다.

그 후 다른 대학에도 합격해서 저는 둘 중 하나를 선택해야 했는데 하나님께서 단번에 문을 열어주신 그 대학은 학비가 월등히 비싸서 엄두가 나지 않았고 다시 부모님의 반대에 부딪혀야 했습니다. 심지어 부모님은 제가 그 대학에 가면 선교사를 그만둬야 한다고까지 하셨습니다.

그런데 놀라운 일이 벌어졌습니다. 미국을 가지 말라, 가겠다, 실랑이가 벌어졌던 그날 이후 미국에서 부모님의 후배 목사님이 장학금 신청을 하라고 연락이 왔고, 원래 장학금을 받기 유력했던 한 학생이 한국 대학을 가게 되면서 제가 그 장학금을 받게 된 것입니다. 또한 아빠의 외삼촌의 지인 되시는 의사 선생님과 이모, 권사님들이 지원해주신다는 후원 약속이 이어지면서 학비가 기적처럼 채워졌습니다.

돌아보면 대학 원서를 넣고 준비하는 과정에서 하나님께서 아무 염려도 하지 말라고 하셨지만 제 믿음은 턱없이 부족할 때가 많았습니다. 하지만 하나님은 하나님을 향해 제 마음을 활짝 열어 기도하고 소망하던 그 작은 믿음을 귀하게 보셨다고 하시며 하나님의 약속을 직접 이루어 가셨습니다. 사랑과 능력이 많으신 하나님은 정말 말씀의 약속대로 흔들어 넘치도록 저를 축복하셨습니다.

예나의 뒷이야기

딸 예나의 간증에서 드러나듯, 예언기도는 은사자의 생각을 거치지 않고 나온다. 말씀을 전하는 나는 다만 성령의 메시지를 전달하는 통로일 뿐이다. 그러다 보니 가끔은 성령께서 주시는 메시지로 인해 당황스러울 때가 있다.

예나에게 예언기도를 할 때가 그랬다. 눈을 감고 기도할 때는 하나님이 하실 일이 믿어졌지만, 눈을 뜨고 현실을 살아갈 때는 보이는 현실의 끝없는 막막함에 도무지 그 일이 이루어질 것 같지 않았다.

남편이 예나의 미국 대학 진학을 강하게 반대하고, 나도 소극적으로 반대했던 것도 기도한 후에 보이는 현실의 장벽이 너무 두꺼워 도저히 그게 무너질 것 같지 않아서였다. 성령께서는 그걸 아시고 예나에게 미국 대학 진학을 반대하는 엄마의 말에 흔들리지 말라는 권면까지 하셨다.

그럼에도 나와 남편은 하나님이 하실 일이 믿어지지 않았다. 그게 절정에 달했던 때가 예나가 미국 대학에 합격해서 등록금을 내야 하는 시점이었다. 친정 식구를 통해 전해진 제법 큰 액수의 금액을 펼쳐 봐도, 그 돈은 예나가 가려는 대학의 한 학기 학비도 되지 않았다. 세상 물정 모르는 우리 부부는 미국 대학의 등록금이 그렇게까지 비싼 줄을 뒤늦게야 알고는 얼굴이 하얘졌다.

학비는 물론 예나의 대학 생활비를 계산해 보니 도무지 엄두가 나지 않았다. 자연히, 이 길을 강행하면 아이도 끝내 대학을 졸업하지 못하고 우리도 선교 사역을 할 수 없을 거라는 예상이 나왔다. 결국 우리 부부는 예나를 앉혀놓고 진로를 바꿔야 하지 않겠냐는 의견을 내놓았다. 그러자 예나가 자기 방으로 들어가며 한마디를 던졌다.

"아빠 엄마는 믿음도 없으세요? 하나님께서 앞길의 장애물이 없게 하신다고 하셨잖아요!"

그 말을 듣는 순간, 우리 부부에게 각성이 일었다. 아이의 방문이 쾅 닫히는 소리가 마치 성령께서 내 머리를 한 대 치는 느낌이었고 우리에게 곧 영적 각성이 일어났다.

아빠 엄마에게 믿음이 없다고? 그러고 보니 아이는 "그 앞길에 (돈 문제로 인한) 장애물이 없게" 하시겠다는 주의 음성을 그대로 믿고 여기까지 왔다. 그런데 정작 내게는 그런 믿음이 없었다. 이제까지 믿음으로 산 줄 알았는데 막상 그런 일을 겪고 보니 어른인 우리가 오히려 하나님이 하실 일을 믿지 못했다. 그도 그럴 것이 당장 돈이 없는데 어떻게 대학 등록을 하란 말인가.

그러자 그때 이 말씀이 떠올랐다.

예수께서 대답하여 이르시되 내가 진실로 너희에게 이르노니 만일 너희가 믿음이 있고 의심하지 아니하면 이 무화과나무에게 된 이런 일만 할 뿐 아니라 이 산더러 들려 바다에 던져지라 하여도 될 것이요 마 21:21

그동안 이 말씀을 볼 때 어떻게 기도해야 산을 들어 바다에 던질 수 있을까를 생각했다면, 그때는 이 구절이 믿음을 촉구하는 말씀이란 게 그제야 깨달아졌다. 앞길에 장벽이 되는 산을 들어 바다에 던지는 믿음, 그 믿음이 없다면 그런 믿음을 구하라는 말씀이었다.

남편과 나는 딸아이가 문을 닫고 나가버린 방에 엎드려 통곡하며 기도했다.

"하나님, 우리에게 믿음이 없어요. 하나님이 천지를 지으셨고 사람을 만드셨으며 모든 것의 주인 되심은 믿어지는데 우리 아이한테 학비를 주실 거라고는 믿어지지 않아요. 한두 푼도 아니고 도저히 믿어지지 않아요. 하나님, 우리에게 믿음 주세요. 우리에게 믿음이 없어요!"

이 기도를 하며 우리 부부는 울부짖었다. 우리보다 어린 딸아이는 성령의 음성을 온전히 믿고 여기까지 왔는데, 정작 통로가 되었던 나는 믿음이 없어 물러서는 것에 대한 회개기도였다. 남편과 나는 그렇게 눈물콧물 범벅이 되어 1시간을 울부짖으며 회개했다.

그런 후 우리는 모두 잠잠해졌다. 남편도 나에게, 나도 남편에게 어떤 말도 하지 않은 채 3일을 보냈다. 아무 말 없이 그저 주님을 바라보며 하루하루를 잠잠히 기다렸다. 아무 시도도 하지 않고 조용히 하나님을 바라보면서….

그런 후 모든 일이 이루어졌다. 3일 뒤 남편의 외삼촌으로부터 갑자기 전화가 걸려왔다. 지인 의사분이 급성간염에 걸렸다가 기도운에 가서 기도하던 도중 나았다는 얘기며, 그 분이 예나에게 장학금을 지급하신다는 뜻까지 전해오셨다. 이후 다른 몇몇 분도 십시일반 도움을 주셔서 예나는 정말 아무 경제적 장벽 없이 대학에 다닐 수 있게 되었다.

더 감사한 것은 그렇게 기적 같은 일들을 겪으며 대학에 들어간 예나에게 그 후로도 이 학비 문제가 예나의 믿음을 굳건하게 하는 도구가 되었다는 점이다. 학교생활에 익숙해져 하나님과의 관계가 소원해지던 그즈음 다음 학기 등록을 해야 하는데 학비가 오지 않자 나는 예나에게 전화를 걸어 딱 이 말만 했다.

"예나야, 학비 떨어졌다. 그런데 학비가 안 온다."

그러자 예나는 즉시 무릎을 꿇고 대학에 들어간 뒤에 나태했던 신앙생활을 회개하며 학비를 보내주시길 간절히 기도했다고 한다. 그리고 정확히 3일 후 이번에도 학비가 채워지는 일을 값지게 경험했다.

이후 아이는 장학금을 보내주던 의사 선생님의 병원이 어렵다는 소식에 학업에 박차를 가해 3년 만에 조기졸업을 하게 되었다. 이에 그 의사 선생님에게 전화를 드려, 다음 해에는 학비를 안 보내주셔도 된다고 말씀드렸더니 대뜸 "학비가 부족해서 학교를 못 다니게 되었어요?"라고 물으셨다.

"그게 아니라 예나가 조기졸업을 하게 됐어요"라고 말씀드리자 그 집사님은 자기 일처럼 기뻐하셨다. 나중에 알고 보니 병원 사정이 어렵다고 했다. 하나님은 그 병원 사정까지도 아시고 거기에 맞춰 예나가 미리 대학을 졸업할 수 있게 하신 것이다.

그 뒤 딸아이는 미국어 있는 모 기업에 취직했고, 지금은 1주일에 한 번씩 엄마와 영상통화로 온라인 성경공부를 하고 있다. 딸아이가 결혼하여 부모와 독립하기 전까지는 어찌하든지 말씀 한 구절이라도 전해줘야 하기에 나드 딸아이도 그 시간을 놓치지 않으려 힘쓰는 중이다.

성령이면 충분하다

아이의 대학 진학과 관련해 이런 얘기를 하면 사람들은 엄마에게 예언의 은사가 있어서 예나에게 그런 일이 일어난 게 아니냐는 식으로, 우리 집에서나 일어날 법한 특별한 사건으로만 해석한다.

그러나 그런 접근은 성령께서 일하시는 방식이 얼마나 광대하고도 오묘하신지 모르는 데서 오는 발상이다. 내게 예언의 은사가 없었다면 성령께서는 기록돤 예언의 말씀인 성경을 통해, 또한 다른 하나님의 사람들을 통해 얼마든지 당신의 뜻을 보여주셨을 것이다. 그분의 능력은 제한이 없으시고 우리를 향하신 그분의 생각은 그 수가 헤아릴 수 없이 많다.

하나님이여 주의 생각이 내게 어찌 그리 보배로우신지요 그 수가 어찌 그리 많은지요 내가 세려고 할지라도 그 수가 모래보다 많도

소이다 내가 깰 때에도 여전히 주와 함께 있나이다 시 139:17,18

우리가 기억해야 할 중요한 진실은, 하나님은 당신의 자녀들에게 동원 가능한 여러 루트를 통해 그와 같은 하나님의 뜻을 적극적으로 알려주고 싶어 하신다는 것이다. 그러므로 부모 세대는 어찌하든지 다음세대에게 그런 하나님을 소개하고 알려야 한다. 그러면 성령께서 친히 우리 자녀들에게 예수 그리스도를 계시하시며 그들을 생명의 길로 인도하실 것이다.

나는 예나가 자라는 동안 여러 면에서 부족하고 연약한 사람이었다. 보통의 부모들이 겪는 시행착오도 많이 겪었다. 공부하는 것, 신앙생활 하는 것에 대해 아이를 윽박지르며 몰아붙인 적도 많아서 그때를 돌아볼 때마다 얼마나 부끄럽고 미안한지 모른다.

아이의 사춘기 시절에는 예나를 위해 예언기도하다가 그런 엄마로 인해 겪은 딸아이 마음의 고통을 알게 되어 기도를 끝낸 후 예나에게 울며 사과하기도 했다. "예나가 그렇게 힘들었구나. 엄마도 엄마가 처음이라서 그랬어. 엄마가 미안해"라고 진심으로 사과하며 용서를 구했다.

그때 이후로 나는 자식을 위해서든 지체들을 위해서든 나로부터 무엇인가 선한 것이 나올 수 있는 양 행동하지 않으려 조심했다. 정말이지 인간은 누군가의 미래를 위해 보장해줄 수 있는 게 아무것도 없다. 우리 자신도 한낱 연약한 존재라서 내일 무슨 일이 일어날지 모르고 때로는 나의 앞가림조차 못 해서 쩔쩔매지 않는가.

그러므로 다음세대를 위해서나 우리의 이웃을 위해서나 우리가 줄 수 있는 최선의 사랑이란 다른 게 없다. 오직 예수님을 전함으로 진리의 성령께서 그와 함께 사시도록 기도하며 도전하는 것, 그 외에 무엇이 있겠는가.

예수님을 믿을 때 우리 안에 찾아오시는 보혜사 성령님을 의지하며 날마다 그분과 함께 살아가도록 서로가 서로에게 도전하는 일이야말로 우리가 누군가에게 줄 수 있는 최고의 사랑이라 할 수 있다. 성령님만이 죄와 고통으로 죽어가는 우리 몸과 영혼을 진정으로 살리고 도우시는 유일한 분이기 때문이다.

예수를 죽은 자 가운데서 살리신 이의 영이 너희 안에 거하시면 그리스도 예수를 죽은 자 가운데서 살리신 이가 너희 안에 거하시는 그의 영으로 말미암아 너희 죽을 몸도 살리시리라 롬 8:11

이 말씀에 나타난 대로 성령은 살리시는 영이다. 예수님이 우리를 위해 죽으시고 부활하셨기에 예수의 영이신 성령이 임하는 곳에는 반드시 살리는 역사가 나타난다. 죽음의 권세에 짓눌렸던 우리의 몸과 영이 성령의 임재 가운데 살아난다.

나는 때로 사람을 살려보겠다고 내 작은 주머니를 털어 다 줘보기도 하고, 나의 열정과 애끓는 마음으로 누군가를 도와주기도 해봤다. 그러나 돌아오는 결론은 역시나 우리 자신에게서는 사람을 살리는 선한 것이 나오지 않는다는 사실이었다.

사람을 돕고 살리는 모든 일은 오직 성령님이 하신다. 성령님이 그 일을 하시도록 우리는 그저 통로가 되어 하나님의 부르심을 따라 작은 역할을 감당할 뿐이다.

그래서 나는 지금도 한국에 나올 때면 성령의 인도하심을 따라 한 사람을 만나는 일에 순종하려 한다. 그렇게 한 사람을 만나보면 때로는 감사하게도 한 번으로 만남이 종결될 때도 있고, 때로는 몇 번이고 만나서 지속적으로 기도하게 하실 때도 있다. 때로는 늦은 밤까지 상담하고 위로하며 격려하게도 하신다.

그렇게 오랜 시간 지속적으로 주의 권면과 위로를 전하라 하실 때도 나는 계산하거나 회피하지 않고 성령께 순종하는 사람이 되고 싶다. 성령님이 임하시면 그 사람이 반드시 살아난다는 걸 알기에, 살리는 영이신 성령께서 하시는 일의 증인이 되어 그분이 하시는 일들을 전하고 싶은 것이다.

사람이 살아난다는 건 고통에 처했던 사람이 고통의 골짜기를 빠져나와 기쁨의 제사를 드리는 어떤 결과적인 것만을 의미하지 않는다. 고통 중에도 그 사람이 세상의 영이 아니라 주의 영으로 충만해져 이전과는 다른 일상을 살아내는 것을 말한다.

'일상을 어떻게 살아내느냐', 즉 '최후승리로 가는 그 과정을 누구와 함께 살아내느냐' 이것이야말로 예수 믿는 우리에게 가장 중요한 문제라 하겠다. 우리에게 찾아오신 성령님은 예배드릴 때나 교회 생활을 할 때만 초대하는 손님이 아니라 언제나 영원토록 우리와 함께하겠다고 약속하신 보혜사이심을 기억해야 한다.

그래서 성령님은 예배와 기도의 문제도 다루시지만, 우리의 일상을 차지하는 부모와의 관계 문제를 다루시고, 부부 사이에 오가던 무례한 말들에 대해 조언하신다. 부엌살림을 소홀히 하는 주부의 안일함과 예배 시간에 골프 생각만 하는 것에 대해 말씀하시고, 구역예배를 드린 후 구역원들과 고스톱 치는 재미에 빠져 살지 말라고 권고하신다. 어린아이들에게는 문제집을 첫 부분만 풀지 말고 끝까지 풀라고 하시고, 형에게 대드는 질서의 문제를 바로잡아야 한다고 말씀하신다.

왜 그러시겠는가. 성령님은 일상의 모든 영역에서 우리와 동행하시며, 우리를 돕고 살려내고 싶어 하시기 때문이다. 문제집을 끝까지 풀기 위해 그분을 구할 때 함께하며 지혜와 인내심을 주시는 분, 형에게 대들려는 마음이 들 때 그분을 바라보면 신기하게도 가정의 질서가 세워지는 아름다움을 주시는 분이 바로 성령님이시다.

그러므로 우리가 최후승리를 얻기 위해서는 매일의 일상을 어떻게 성령님과 연결되어 사느냐가 관건이다. 약속 시간은 늦어지는데 접촉 사고가 나서 짜증이 밀려올 때, 사람들이 싫어져 공동체를 이탈하고 고립을 택하고만 싶을 때, 삶의 무게에 짓눌려 공황이 밀려올 때, 그럴 때도 성령님을 찾고 도우심을 구하는 사람이 된다면 우리의 일상은 바로 거기서부터 달라질 것이며, 하나님나라가 우리의 삶에서부터 이루어질 것이다.

예수님은 십자가에서 죽임당하시고 부활하심으로 우리에게 생명을 주셨고, 우리를 홀로 내버려두지 않으시고 보혜사 성령님을 보내주셔서 24시간 우리와 동행하시며 우리를 생명의 길로 이끌어주신다. 성령과 함께 살므로 흉악의 결박이 풀어지고, 압제에서 자유하게 되며, 모든 멍에가 꺾이는^{사 58:6} 일들을 이루시려고 보혜사 성령님을 보내셨다.

우리 시대의 부흥은 우리의 힘으로도 안 되고 능력으로도 안 되지만 일상에 찾아오셔서 우리 마음에 불을 붙이시는 성령님으로만 가능^{슥 4:6}함을 알려주려 하심이다.

그래서 나는 오늘도 태국에서든 한국에서든 한 사람을 만나 예수 그리스도를 전하는 일에 순종하려 한다. 그 사람에게 예수님을 전할 때 성령께서 친히 그 사람의 일상을 바꿔놓으실 것을 믿기 때문이다.

베드로의 고백처럼, 은과 금은 내게 없거니와 내게 있는 예수 그리스도의 이름을 전할 때, 그 사람에게 찾아가신 성령께서 어둠에 뒤덮였던 그의 인생을 하나님의 빛으로 밝히실 것이다. 내게 그리하셨고 수많은 믿음의 선배들에게 그리하셨던 것처럼 다음세대에게도 그리하실 것이다.

그래서 우리는 성령을 구해야 하고 성령을 소멸하지 말며 성령을 사모해야 한다. 예수님이 우리에게 보내주신 성령님은 우리의 모든 것이 되시기 때문이다. 성령이야말로 우리가 받을 수 있는 최고의 선물이다. 우리는 성령님만으로 충분하다.

너희가 악한 자라도 좋은 것으로 자식에게 줄 줄 알거든 하물며 하늘에 계신 너희 아버지께서 구하는 자에게 좋은 것으로 주시지 않겠느냐 마 7:11

너희가 악할지라도 좋은 것을 자식에게 줄 줄 알거든 하물며 너희 하늘 아버지께서 구하는 자에게 성령을 주시지 않겠느냐 하시니라

눅 11:13

주의 영으로 살아나라

초판 1쇄 발행	2026년 2월 27일
지은이	최문정

펴낸이	여진구		
책임편집	최현수 구주은		
편집	이영주 진효지 안수경 김도연 김아진 배예담		
책임디자인	조은혜 노지현 | 마영애 정은혜		
마케팅	김상순 강성민	마케팅지원	최영배 정나영
제작	조영석 허병용	경영지원	김혜경 김경희 김영하

303비전성경암송학교 유니게 과정
이슬비전도학교 / 303비전성경암송학교 / 303비전꿈나무장학회

펴낸곳	(주)규장갓피플

주소 06770 서울시 서초구 매헌로 16길 20(양재2동) 규장선교센터
전화 02)578-0003 팩스 02)578-7332
이메일 kyujang0691@gmail.com 홈페이지 www.kyujang.com
페이스북 facebook.com/kyujangbook 인스타그램 instagram.com/kyujang_com
카카오스토리 story.kakao.com/kyujangbook
등록번호 제2026-000001호
since 1978.08.14

ⓒ 저자와의 협약 아래 인지는 생략되었습니다.
이 출판물은 저작권법에 의해 보호를 받는 저작물이므로 무단 전재와 무단 복제를 할 수 없습니다.

책값 뒤표지에 있습니다.
ISBN 979-11-6504-687-3 03230

규 | 장 | 수 | 칙

1. 기도로 기획하고 기도로 제작한다.
2. 오직 그리스도의 성품을 사모하는 독자가 원하고 필요로 하는 책만을 출판한다.
3. 한 활자 한 문장에 온 정성을 쏟는다.
4. 성실과 정확을 생명으로 삼고 일한다.
5. 긍정적이며 적극적인 신앙과 신행일치에의 안내자의 사명을 다한다.
6. 충고와 조언을 항상 감사로 경청한다.
7. 지상목표는 문서선교에 있다.

규장은 문서를 통해 복음전파와 신앙교육에 주력하는 국제적 출판사들의 협의체인 복음주의출판협회(E.C.P.A:Evangelical Christian Publishers Association)의 출판정신에 동참하는 회원(Associate Member)입니다.